CHRISTIAN PRAGER/JOHANNA KOLF

Mit dem Traumschiff ins Nordmeer

pietsch

Impressum

Einbandgestaltung: Luis dos Santos

Bilder und Bildunterschriften: Christian Prager, Studio Orbi-Vision

Text: Johanna Kolf; außer Kapitel »Das *Traumschiff* – MS DEUTSCHLAND«.
Dieser Text wurde mit freundlicher Genehmigung von der Deilmann-Reederei zur Verfügung gestellt.

ISBN 978-3-613-50618-3

Ein Unternehmen der Paul Pietsch Verlage GmbH & Co.

1. Auflage 2012

Sie finden uns im Internet unter: www.pietsch-verlag.de

Lektorat: Dr. Anke Susanne Hoffmann
Innengestaltung: Petra Pawletko
Druck und Bindung: Stürtz GmbH, 97080 Würzburg
Stürtz GmbH, 97080 Würzburg

Inhalt

Einführung

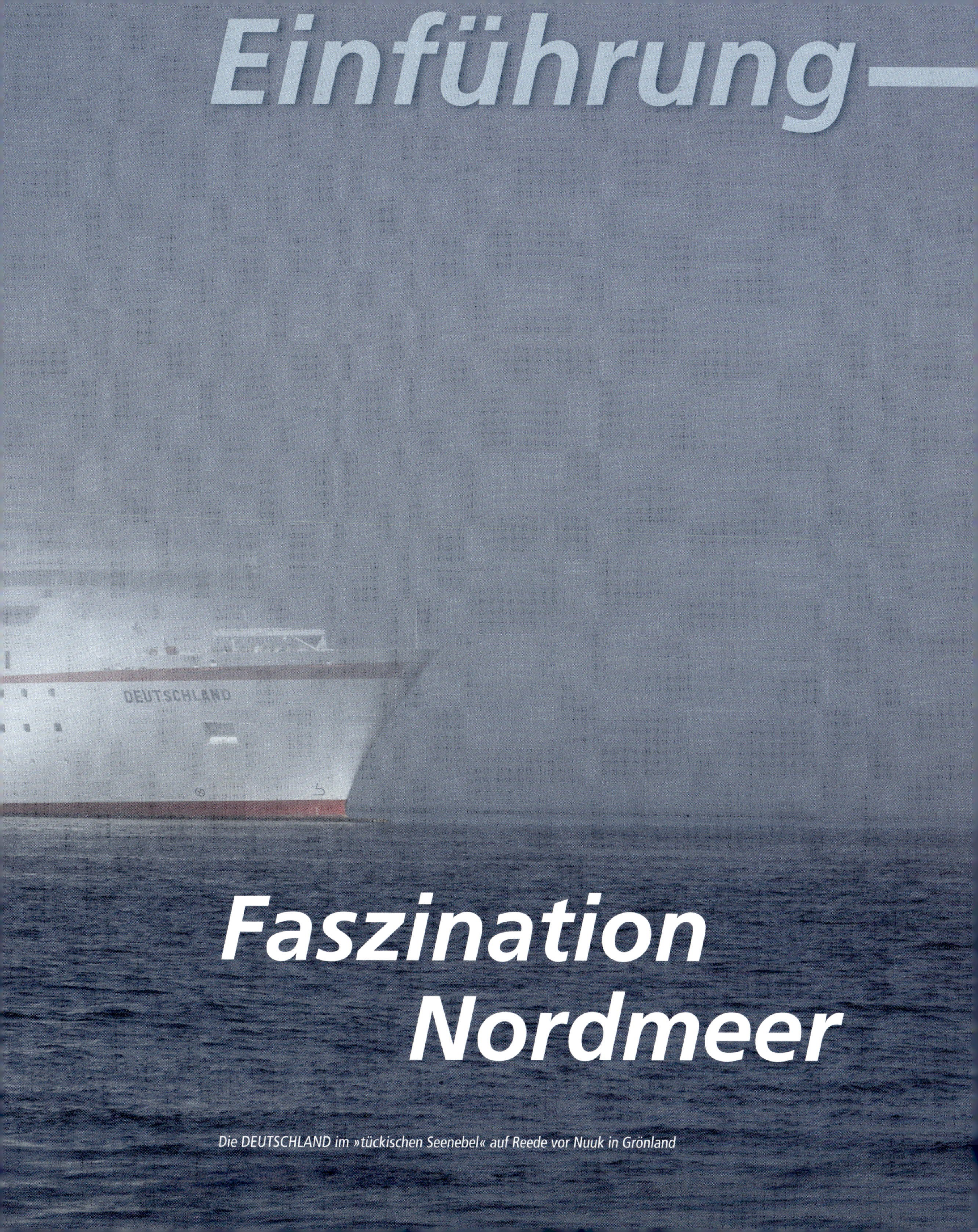

Faszination Nordmeer

Die DEUTSCHLAND im »tückischen Seenebel« auf Reede vor Nuuk in Grönland

Grönland – Ilulissat, im Sommer wird es nie ganz dunkel.

Wer sich auf eine Kreuzfahrt in den hohen Norden begibt, der wählt eisige Kälte, Nebelfelder, Eispassagen und die Unbill einer Reise in unwirtliches Gebiet. Doch all dies ist sofort vergessen, wenn das ätherisch klare Licht des Nordens durch die Wolken bricht, das weiter südlich seinesgleichen sucht, und selbst die verdämmerten, grauen Schluchten mit einer Ahnung verblichenen Lichts erfüllt. Bis weit unter den Polarkreis wirkt dieses verzauberte und alles verzaubernde Licht. Der Nordlandfahrer sucht die Grenzerfahrung am Rande des Globus, am Rande der Zivilisation, es ist die herbe Romantik der dünn besiedelten Regionen des Nordens, die ihn ganz und gar gefangen nimmt, und nicht die milde Heiterkeit der mediterranen Gefilde.

Eisberge in der Diskobucht

»Wer ohne den Luxus des modernen Lebens nicht auskommen kann, der tut gut daran, Skandinavien zu meiden«, schrieb Richard Lovett, ein englischer Geistlicher, 1885 in seiner Reiseschilderung »The Kingdom of Norway«. Mehr als hundert Jahre später ist diese Aussage im Wesentlichen immer noch gültig. Der einzige Weg jedoch, pures Naturerlebnis und die Erfahrung der dramatischen Schönheit des hohen Nordens mit dem erlesenen Ambiente eines Luxushotels zu verbinden, ist eine Reise mit einem modernen Kreuzfahrtschiff.

Geborgen und geschützt im eleganten Rahmen des schwimmenden Hotels mit all seinen Annehmlichkeiten genießt der Kreuzfahrer die atemberaubende

Eine atemberaubende Kulisse – Eisberge in der Diskobucht

Kulisse der vorbeiziehenden jahrtausendealten Landschaft, gewaltige, weiß schimmernde Gletscher, karge Hänge mit bunt gestrichenen Holzhäusern als Farbtupfer, die ständig wechselnden Farben des Himmels und der Wolken, verdoppelt durch spiegelklare Fjorde, die frische Meeresbrise am offenen Deck.

SWL 0.9 T

MS DEUTSCHLAND vor Qaqortoq

Eine Reise im Zauber von Wasser und Licht. Manchmal sieht man Eisbären auf einer Eisscholle vorbeitreiben, fernab der Zivilisation beginnt das Reich der Tiere. Und auch nach den Landausflügen in die arktische Wildnis, deren wuchtige Größe alles degradiert und klein macht, findet man abends die vertraute, heimelige Umgebung des Fünf-Sterne-Grandhotels wieder.

StatoilHydro
Marjun
Tórshavn

Orkney-Inseln – Mainland, der Hafen von Kirkwall

Als erste Station wird eine Inselgruppe angesteuert, die zwar zu Großbritannien gehört, deren skandinavisches Erbe in Kultur, Mundart und Ortsnamen jedoch noch sehr lebendig ist.

Die Orkney-Inseln, gerade mal zehn Kilometer von der Nordküste Schottlands entfernt, gehörten vom neunten Jahrhundert bis zum Jahr 1472 zu Norwegen. Bis heute betrachten sich die 20.000 Orcadians, die 21 der insgesamt 70 Inseln bewohnen, nicht als richtige Schotten. Schottland ist für sie »the sooth« (der Süden) und niemals »the mainland« – denn damit bezeichnen sie ihre Hauptinsel. Die Insel ist ein Eldorado sowohl für die Liebhaber von Flora und Fauna als auch die kulturhistorisch Interessierten unter den Reisenden: Auf den vielen großen Vogelklippen brütet ein Sechstel aller in Großbritannien nistenden Meeresvögel. Und nirgendwo sonst in Europa gibt es so viele prähistorische Ausgrabungsstätten, die meisten davon auf Mainland.

Durch einen Orkan wurde hier im Jahr 1850 ein vollständig erhaltenes Steinzeitdorf freigelegt, das 5000 Jahre lang unter Dünensand begraben war. Zwischen 3100 und 2600 v. Chr. war Skara Brae bewohnt. Alles, was man vorfindet, ist aus Stein, nicht nur die Betten, sondern auch die Vorratsschränke und Becher.

Das Steinzeitdorf Skara Brae

Die Shetland-Inseln stehen für urtümliche Küsten und Buchten.

Und diese erste Station der Kreuzfahrt bedeutet auch eine vorsichtige Annäherung an kommende arktische Temperaturen: Obwohl die Orkney-Inseln auf dem gleichen Breitengrad wie Sibirien liegen, ist das Klima dank des warmen Golfstroms relativ mild.

Nur wenige Seemeilen von Orkney entfernt liegen die Shetland-Inseln.
Auch hier ist das skandinavische Erbe allgegenwärtig, schließlich ist die Inselgruppe genauso weit vom schottischen Mutterland entfernt wie von Norwegen und wurde wie Orkney von den Wikingern besiedelt. Um die nordschottischen Inseln herum, die Orkneys, Shetlands, Hebriden und Färöer, stießen die norwegischen Wikinger in ihrem Entdeckungs- und Eroberungsdrang bis nach Irland vor.

Was für die Insel Harris der Tweed ist, ist für die Shetlands der berühmte Pullover, den man bei einer sommerlichen Durchschnittstemperatur von fünfzehn Grad sehr gut gebrauchen kann. Außer an wollene Kleidung denkt man bei diesem klangvollen Inselnamen an die in aller Welt bekannten Shetlandponys, diese kleinwüchsigen, anspruchslosen, niedlichen Pferde mit ihrer zotteligen Behaarung – einfach zum Knuddeln! Sie fügen sich nahtlos ein in die grüne Weidelandschaft mit ihren Mooren, Felsen und vielen kleinen Seen, von weißen Punkten, den Schafen, durchbrochen.

Shetlandponys führen ein entspanntes Leben.

Mitten im Nordatlantik ragen 18 Inseln wie urzeitliche Tiere aus dem Ozean empor – die zum Königreich Dänemark gehörenden Färöer-Inseln, ein weiteres Wikinger-Erbe.

Ihr Name – Føroyar – bedeutet »Schafsinseln«, und bis heute ist die Schafzucht der zweitwichtigste Wirtschaftszweig nach der Fischerei. Es gibt in etwa doppelt so viele Schafe auf den Inseln wie Menschen (48.000). Die Landschaft ist von rauer Schönheit, senkrechte Kliffe ragen steil aus dem Meer empor, Moore und Büsche wechseln sich ab mit satten grünen Weideflächen.

Raue Landschaft der Färöer-Inseln

Blick auf Åndalsnes im Romsdalsfjord

In der Hauptstadt Tórshavn auf der Insel Streymoy gibt es viel zu entdecken, wie etwa die Häuser mit typischem färöischem Grasdach im idyllischen Hafenviertel und die alte Festung Skansin.

Und nun geht es hinein in Norwegens Fjordland, die extrem zerklüftete Küstenlinie Westnorwegens mit ihren 150.000 vorgelagerten Inseln, den kargen Schären, und den sich bis tief ins Landesinnere erstreckenden Meeresarmen, an deren Ende sich abrupt schimmernde Gletscher und Hochgebirge erheben.

Atemberaubend schön ist diese Küstenlandschaft, mit ihrem plötzlichem Wechsel von steilen Felswänden, graugrünen Gebirgsseen, verschneiten Pässen, bunten Bauernhöfen inmitten satter grüner Weiden und blühender Blumenwiesen, weißen Sandstränden und roten Fischerhütten.

Tief taucht man ein in Europas mittelalterliche Geschichte, als der Luxusliner Bergen erreicht, die »Königin der Fjorde«, Norwegens zweitgrößte Stadt. Die einstige Handelsmetropole des Nordens, vom 14. bis

Blick auf Bergen während der Hafeneinfahrt

in die Mitte des 17. Jahrhunderts von Kaufleuten der deutschen Hanse beherrscht, öffnet sich, von Inseln und Bergen umringt, dem Atlantik.

Das mittelalterliche Handelszentrum für Stockfisch, Umschlagplatz für Tuche aus London, Holz, Honig und Wachs aus Russland, orientalische Luxuswaren wie Gewürze und Seide, ist heute vor allem ein Kulturzentrum und gilt im Königreich als Stadt mit dem meisten Flair.

Vom einstigen Glanz zeugen heute noch die schmalen Holzhäuser im Hanseviertel Bryggen, die von der UNESCO zum Weltkulturerbe erklärt wurden. Nicht weit von Bergen entfernt kann der Reisende das Refugium des berühmtesten norwegischen Komponisten und berühmtesten Sohnes Bergens, Edvard Grieg, bestaunen, seine geliebte Villa Troldhaugen in fantastischer Lage.

Der Geirangerfjord dagegen ist berühmt durch seine Wasserfälle.

Schleierhaft die Felswände verbergend donnern sie in gewaltigen Katarakten zu Tal und tragen so klangvolle Namen wie »Die sieben Schwestern« oder »Brautschleier«.
Im nördlich davon gelegenen Trollstigheimen auf 1794 Meter Höhe sind die Trolle zu Hause, jene legendären Sagengestalten, die es in den vielfältigsten Formen gibt, als Wald- und Wiesentroll, Bergtroll, Wassertroll, Wasserfalltroll, Haus- und Hoftroll. Für alle Trolle jedoch gilt, dass sie Riese oder Zwerg, ein- bis dreiäugig sind, mal gutmütig, mal dämlich, mal boshaft, große Knubbelnasen und lange Schwänze haben. Das Heim der Trolle lebt von seiner landschaftlichen Schönheit, in Kaskaden herabzischende Wasserfälle, an deren Fuße ein schelmisches Trollauge aus dem Dickicht blitzt, umkränzt von hohen Bergen.

Die Route führt dann über Åndalsnes mit seiner üppigen grünen Landschaft in das liebenswerte Städtchen Molde am Romsdalsfjord, das zu Recht den Beinamen »Alpenstadt am Fjord« führt. Dank des Golfstroms, der Norwegens Küsten warm bespült, gedeiht hier eine Stadt der Rosen mit gelegentlich fast südlich wirkendem Klima, umringt von 2000 Meter hohen verschneiten Gipfeln.

Brautschleier-Wasserfall im Geirangerfjord

Blick hinunter auf Tromsø

Entlang der grandiosen Herbheit der Fjord- und Gebirgslandschaften erreichen die Reisenden die Hauptstadt Nordnorwegens, Tromsø, Station der Hurtigruten, der berühmten norwegischen Postschifffahrtslinie, die seit 1893 die Orte der über 2700 Kilometer langen Westküste Norwegens miteinander verbindet. Hier befindet sich die nördlichste Universität und die nördlichste Kathedrale dieser Erde sowie die in ihrer eigentümlichen Architektur markanteste Kirche Norwegens, die dreieckige Eismeer-Kathedrale. In der nördlichsten Stadt der Erde, Hammerfest, auf der Insel Kvaløya, stellt sich nahezu zwangsläufig das Gefühl ein, am *finis terrae*, dem Ende der Welt, angelangt zu sein. Eine Stadt dieser Lage, inmitten der kargen Tundrasteppe, verbreitet auch im Hochsommer ein Gefühl der Schwere und Ernsthaftigkeit, aber auch der Erhabenheit und Losgelöstheit.

Das gleiche Gefühl stellt sich umso intensiver am Nordkap auf der Insel Magerøya ein, das lange als nördlichster Punkt Europas galt.

Warten auf die Mitternachtssonne am Nordkap

Spitzbergen – Ny-Ålesund, am Ende des Kongfjordes

Dass das drei Kilometer westlich davon gelegene Knivskjellodden noch nördlicher liegt, interessiert wenig, wenn man sich auf dem über 300 Meter aus dem Eismeer emporragenden Hochplateau, von der Mitternachtssonne in den unglaublichsten Farben beleuchtet, der Unendlichkeit so nahe fühlt wie nie zuvor.

Mitten im Eismeer, 700 Kilometer weiter nördlich, liegt die »Kalte Küste«, Svalbard, wie die Norweger den Spitzbergen-Archipel getauft haben.

Die Inselgruppe, die seit 1925 unter norwegischer Verwaltung steht, kennt im Sommer 24 Stunden Sonne, und nur dann ist dieses uralte Land aus Stein und Eis für Kreuzfahrer einigermaßen erträglich. Von Oktober bis März versinkt die Inselgruppe in dauernder Finsternis, eine ungeheure Belastung für die 2700 Einwohner Spitzbergens, Bergleute im Kohlebergbau und Forscher des Meeresforschungslabors Ny-Ålesund. In der größten Ansiedlung, Longyearbyen mit etwa 1000 Einwohnern, gibt es einen Flughafen, ein Universitätszentrum, ein Krankenhaus und sogar einen Gouverneur. Die größte Population in Spitzbergen stellen jedoch die 3000 Eisbären, die die monatelange Polarnacht im wörtlichen Sinne kalt lässt.

Was für alle Mühsal entschädigt, ist jedoch die sauberste Luft des Planeten und die kunstvollen Skulpturen der Eisberge und Gletscher dieser 1,2 Milliarden Jahre alten Inseln, die die vielfältigsten Assoziationen wecken. Der Magdalenenfjord an der Westküste ist das Palma der Nordlandfahrer, von fast unwirklicher Schönheit im fahlen Schein der Mitternachtssonne, durchsetzt vom Weiß der vom Waggonway-Gletscher gekalbten Eisberge, eine Komposition von verschiedenen Blautönen des Himmels und des Wassers vor dem Hintergrund des kargen grauen schneebedeckten Gesteins.
Und da ist es wieder, dieses überwältigende Gefühl der Stille, nicht das leiseste Geräusch, nichts, in dieser endlosen Weite des Nordens, die man sich als Mitteleuropäer kaum vorstellen kann.

Fantastische Landschaften im Magdalenenfjord

In der Grönlandsee, auf dem Weg nach Island, liegt die Insel Jan Mayen, eine alte Walfängerstation und Außenposten Norwegens, der vom Gouverneur von Spitzbergen verwaltet wird.

Die Insel vulkanischen Ursprungs ist zu einem Drittel vergletschert und das ganze Jahr über herrschen arktische Temperaturen und starke Winde und Stürme. Im Winter, bei einer Durchschnittstemperatur von -6 °C, ist Jan Mayen, das nach dem niederländischen Walfängerkapitän Jan Jacobs May von Schellinkhout benannt ist, vollständig von Pack- und Treibeis umgeben. Dies erklärt, warum auf der Insel nur 18 Menschen leben, die allesamt in der Wetterstation Olonkinbyen arbeiten, der einzigen Ansiedlung. Alle sechs Monate werden sie ausgetauscht.

Die Vulkaninsel Island trägt ihren Namen – Eisland – zu Unrecht, denn der vorherrschende Farbton ist Grün in allen Schattierungen: saftig grüne Weiden, mit grünem Moos bedeckte Hochplateaus, sanfte Berghänge, zwischen Grün- und Türkistönen schimmerndes Wasser an der Südküste.

Geheimnisvoll und majestätisch zugleich erscheint der höchste Vulkangipfel Jan Mayens über der Seenebelbank.

Island – MS DEUTSCHLAND durchfährt den Eyiafjord bei Akureyri.

Island – im Nationalpark Þingvellir

Im Vergleich zu Spitzbergen mit seiner 1,2 Milliarden Jahre alten Geschichte ist Island erdgeschichtlich mit seinen 15–20 Millionen Jahren eine sehr junge Region – jedoch mit einer der spektakulärsten Landschaften Europas. Gekennzeichnet ist sie durch schneebedeckte Vulkane, sprudelnde Geysire, gewaltige weiße Gletscher, tosende Wasserfälle, schwarz-graue Lavawüsten, tiefe Schluchten und Fjorde, von der Eiszeit geformt.

Im Land von Feuer und Eis toben die Urgewalten, es blubbert und brodelt allerorten. Gräben und Spalten durchziehen das Land, die Sollbruchstellen zwischen den Kontinenten, Vulkane speien immer wieder heiße Lava – der mittelatlantische Rücken, der Europa und Amerika auseinandertreibt, verläuft mitten durch Island.

Das Regierungshaus in Reykjavík

Doch hat Island auch eine urban-kosmopolitische Seite mit seiner quirligen Hauptstadt Reykjavík, die immerhin 118.000 Einwohner zählt, mit trendiger Clubszene, schicken Design-Hotels und breitem Kulturangebot.

Reykjavík ist ein bedeutender High-Tech-Standort, Sitz einer Universität und Umschlagplatz für Fische und Fischprodukte.

Reykjavík – am westlichen Tjörnin-Ufer

Die berühmte »Blaue Lagune« bei Krisuvik

Vom Großstadttrubel entspannen kann man herrlich in Krisuvik im grünen Südwesten der Insel im milchig-blauen Wasser der berühmten »Blauen Lagune« mit konstanten 38 °C. Das Baden in heißen Quellen hat in Island Tradition: Bereits die ersten Taufzeremonien nach Einführung des Christentums im Jahr 1000 fanden im angenehm temperierten Laugarvatn-See statt. Die Badekultur ist aus dem heutigen Island nicht mehr wegzudenken: Selbst im letzten Winkel der Insel ziehen die Menschen in beheizten Freibädern ihre Bahnen, schwitzen im Dampfbad oder entspannen sich im Whirlpool.

Auf dem Weg nach Grönland lädt das Deck des Traumschiffs zum Träumen ein.

Im Kielwasser der Wikinger geht es nun nach Grönland, das »grüne Land«, wie der isländische Siedler Erik der Rote seine Entdeckung nannte, darauf hoffend, dass »die Leute versucht sein werden, dorthin zu gehen, wenn das Land einen schönen Namen hat.« Offensichtlich gelang es ihm, etliche Isländer vom neuen Siedlungsraum zu überzeugen – im Jahr 986 begleiteten ihn 25 Schiffe mit Mensch und Vieh nach Grönland, um sich dort für immer niederzulassen. Zahlreiche Ruinen der nordischen Siedler kann man zwischen den Orten Narsaq und Qaqortoq entdecken.

SOUVENIR
BUTIK

Die Siedler fanden jedoch kein leeres Land vor. Seit Jahrtausenden leben die Inuit, die »Menschen«, wie sie sich selbst nennen, auf dieser unwirtlichen Insel, die zu 81 Prozent mit Eis bedeckt ist. In diesem arktischen Klima wird es nie wärmer als 10 °C, im Winter dagegen sinken die Temperaturen bis auf -40 °C und weniger. Mit ihrer speziellen Kleidung, Bauweise und Jagdtechnik gelang es den Inuit trotzdem, unter diesen extremen Bedingungen zu überleben.

Qaqortoq – die größte und wohl schönste Stadt Südgrönlands

Panoramablick über Qaqortoq

Nuuk – Hansegede-Haus

Im Sommer jedoch macht Grönland, das seit 1979 den Status eines eigenen Staates innerhalb Dänemarks besitzt, seinem Namen alle Ehre. Im milden Süden gibt es nicht nur blühende Wiesen mit gelben Butterblumen, Löwenzahn, Margeriten und pinkfarbenen Weidenröschen, sondern auch kleine Wälder. Neben der Schafzucht findet man hier auch einige kleinere landwirtschaftliche Unternehmen.

Westgrönland ist mit seiner Hauptstadt Nuuk – mit ihren 16.000 Einwohnern für grönländische Verhältnisse eine Metropole – das politische, kulturelle und wirtschaftliche Zentrum des Landes.

Nuuk verfügt über alle Einrichtungen einer Hauptstadt: die Selbstverwaltung, das Kulturzentrum Katuaq, die Universität, das größte Krankenhaus des Landes und

Die Erlöserkirche in Nuuk

das Grönland Institut der Naturressourcen. Die Zentralisierungspolitik der damaligen dänischen Kolonialherren ließ in den 1960er Jahren große weiße Wohnblocks entstehen, die zum Wahrzeichen des modernen Nuuk geworden sind, aber wenig einladend wirken. Umso schöner ist die Umgebung der Stadt mit den schneebedeckten Gipfeln von Ukkusissat und den Eisbergen im Fjord.

MS DEUTSCHLAND auf Reede vor Nuuk

Auf einer Fahrt mit dem Kreuzfahrtschiff entlang der grönländischen Küste ziehen unwirklich schöne Landschaftsbilder, Eisberge, Gletscher und tiefe Fjorde, vorbei.

Das touristische Highlight jeder Grönlandreise ist jedoch der Eisfjord Kangia bei Ilulissat in der Diskobucht, und das nicht erst seit 2007, als sich die Politiker der Welt zum Eisfjord aufmachten, um anhand der Gletscherschmelze auf die Folgen des Klimawandels aufmerksam zu machen. Dicht an dicht liegen die gigantischen Eisberge mit ihren bizarren Formen, zwischen denen das eisblaue Wasser des Fjords schimmert. Die riesigen Abbruchstücke des Sermeq Kujalleq-Gletscher, die bis zu 1000 Meter dick sind, treiben zunächst frei im Fjord, der hier 1200 Meter tief ist. An der Mündung zur Diskobucht ist der Fjord jedoch nur noch 200 Meter tief, wodurch ein Rückstau der Eisberge in den Fjord erfolgt. Nur kleinere Berge treiben ins offene Meer, doch selbst diese sind noch so groß, dass sie auf ihrer Reise entlang der kanadischen und US-amerikanischen Küste erst auf der Höhe von New York endgültig schmelzen.

MS DEUTSCHLAND in der Fjordlandschaft zwischen Qaqortoq und Narsaq

DEUTSCHLAND
TSCHLAND

DEUTSCHLAND

Das Traumschiff

MS DEUTSCHLAND

»Leinen los« in Hamburg – Die DEUTSCHLAND beim Auslaufen auf der Elbe.

Kreuzfahrtträume mit dem Traumschiff

Das Meer übt auf viele Menschen eine Faszination aus, die nicht leicht in Worte zu fassen ist. Ein Spaziergang in der beredten Stille eines Strandes ist mit keinem anderen Spaziergang vergleichbar und genauso ist es mit einer Seereise. Urlaub auf See ist Urlaub vom Leben. Auf See kann die Seele baumeln. Am Meer zu sein macht glücklich und nur auf See entdeckt man die Unendlichkeit des Himmels, des Horizonts – und des Augenblicks.

Das *Traumschiff*, die DEUTSCHLAND, ist sicher eines der schönsten Passagierschiffe, um auf eine solche Entdeckungsreise zu gehen. Das schwimmende Grandhotel ist die glückliche Verbindung von persönlichem Stil, emotional ansprechender Atmosphäre, luxuriösem Ambiente, gehobener Gastronomie und herzlicher Gastlichkeit.

Auf der DEUTSCHLAND bleiben keine Wünsche unerfüllt – werden (Kreuzfahrt-)Träume wahr.

Der Name eines kleinen idyllischen Ostseehafens an der Lübecker Bucht wurde durch dieses Schiff hinausgetragen in alle Welt. »Neustadt in Holstein« steht in blauen Lettern am Heck der DEUTSCHLAND, dem jüngsten der Fernseh-*Traumschiffe*. Seit mehr als einem Jahrzehnt kreuzt es jeden Winter durch Millionen Wohnzimmer. Neustadt in Holstein ist Sitz der Reederei Peter Deilmann und Heimathafen der DEUTSCHLAND. Jeden Sommer, wenn sie von Hamburg, Kiel oder Travemünde aus Kreuzfahrten in die Nord- und Ostseereviere unternimmt, besucht sie auch ihren kleinen Heimathafen. Manchmal geht sie dann sogar in der Neustädter Bucht auf Reede vor Anker – für ein Festmachen im Kommunalhafen ist das stolze Kreuzfahrtschiff zu groß.

Unter den Ozeanriesen auf den Weltmeeren allerdings wirkt das schlanke weiße *Traumschiff* mit dem leuchtend roten Reederei-Logo am Schornstein und der schwarz-rot-goldenen Flagge am Heck eher zierlich. 175 Meter lang und 23 Meter breit ist der Rumpf. Mit acht Passagierdecks über der Wasserlinie und einem Tiefgang von 5,80 kann das Schiff mühelos die wichtigsten künstlichen Wasserstraßen der Welt befahren. Im Fahrplan finden sich regelmäßig der Nord-Ostsee-Kanal zwischen Schleuse Brunsbüttel an der Elbe und Schleuse Holtenau an der Kieler Förde, der Panama-Kanal zwischen Atlantik und Pazifik sowie der Suez-Kanal zwischen Rotem und Mittelmeer. Außerdem kann das *Traumschiff* weltweit in zahlreichen Häfen festmachen, die den Megalinern vorenthalten bleiben. Mehr als

Weltberühmt und hochgeehrt. Die DEUTSCHLAND fährt an der Weltspitze ganz vorn mit.

fünfhundert Häfen hat die DEUTSCHLAND auf allen fünf Kontinenten bereits besucht, vier Weltreisen hat sie unternommen. Sie hat die Weltmeere befahren, die Gewässer der Arktis und Antarktis, den Rio de la Plata, Amazonas, die Elbe zwischen Cuxhaven und Hamburg, die Seine zwischen Le Havre und Rouen. Aber auch Quadalquivir, Mekong und Mississippi – und dabei mehr als eine Million Seemeilen zurückgelegt.

Porträt des Reeders Peter Deilmann im Salon »Lili Marleen«.

»Anker lichten«

Kiel, 11. Mai 1998. Blauer Himmel über der Förde, strahlender Sonnenschein und glückliche Gesichter. Es war der 63. Geburtstag des Reeders Peter Deilmann. Ein großes Werk war vollendet. Taufpate der DEUTSCHLAND war Altbundespräsident Richard von Weizsäcker. Peter Deilmann erläuterte in seiner Ansprache, wie die Wahl des Taufpaten mit dem Namen des Schiffes zusammenhinge.

Richard von Weizsäcker war der erste Bundespräsident des wiedervereinigten Deutschlands – und seit langer Zeit werde erstmals wieder ein Schiff auf diesen Namen getauft. Die DEUTSCHLAND solle ihr geeintes Heimatland und die schwarz-rot-goldene Flagge am Heck würdig in der Welt vertreten. Als ein Stück Heimat auf hoher See und Botschafterin eines weltoffenen Landes.

Bestuhlung im Kaisersaal

Die Planungszeit des Luxusliners betrug Jahre, die Bauzeit bei den Howaldtswerken – Deutsche Werft AG Kiel (HDW) betrug lediglich 17 Monate. Spannende Monate, in denen ein minutiös abgestimmter Fertigungsplan einzuhalten war. Für das Flaggschiff der »Deutschen Kreuzfahrttradition« – der eingetragenen Marke der Reederei – wurden 5500 Tonnen Stahl, 70.000 Liter Farbe, 400 Kilometer Kabel, 48 Kilometer Rohre und 700 Fenster verarbeitet. Rechnet man die Bullaugen dazu, sind es rund tausend Öffnungen in der Schiffswand.
Bezugs- und Dekostoffe wurden in Italien in Auftrag gegeben, Teppiche maßgewebt, Möbel maßgetischlert, Messinggitter maßgeschmiedet. Dekorateure, Kunstmaler, Bildhauer, Vergolder, Stuckateure waren monatelang im Einsatz. Dann zerschellte die Champagnerflasche am festlich geschmückten Bug, der Schiffstyphon grüßte alle Festgäste mit seinem dunklen Dröhnen und die Jungfernfahrt konnte beginnen.

Vielbejubelt verließ das stolze weiße Schiff die Kieler Förde. Die vier Hauptmotoren können das Schiff ganz schön auf Touren bringen. Die DEUTSCHLAND erreicht eine maximale Reisegeschwindigkeit von 21 Knoten. Das sind knapp 40 Stundenkilometer. Aber das wäre wie Fahren mit durchgetretenem Gaspedal. Durchschnittlich läuft das Kreuzfahrtschiff 16 bis 17 Knoten, das ist ein ökonomisch sinnvolles und ökologisch verträgliches Tempo.

Kolonnade mit Bordboutique

Besondere Atmosphäre im Salon »Lili Marleen«

Das schwimmende Grandhotel

Die DEUTSCHLAND, mehrfach mit der Bewertung »5-Sterne-Superior« und vielen weiteren Prämierungen ausgezeichnet, ist eine Klasse für sich. Das unnachahmliche Design, die Liebe zum Detail, schafft eine ganz besondere Stimmung. Vornehme Eleganz umfängt den Passagier vom ersten Schritt an Bord. Auf allen Decks finden sich stuckverzierte Decken, Kunstwerke und Antiquitäten, Skulpturen, Aquarelle, historische Photos, in Öl gemalte Porträts und große Wandbilder.

Das »Rosenmädchen« im Foyer

Das schwimmende Grandhotel

Atmosphäre und Ambiente atmen Jugendstil und Art Déco, stehen ganz in der Tradition der großen Oceanliner aus der Frühzeit der Passagierschifffahrt. Überall an Bord spürt der Gast den Charme eines klassischen Grandhotels der Goldenen Zwanziger, gepflegte Gastlichkeit und Tischkultur, die gelungene Kombination von Exklusivität und Funktionalität.

Über die Gangway betritt der Gast das schwimmende Grandhotel.

An der rund um die Uhr besetzten Rezeption wird er mit dem strahlenden Lächeln, das wir alle von Chefstewardess Beatrice kennen, freundlich empfangen. Mahagoni, Marmor, Ledersessel, Messinggeländer unterstreichen das maritime Flair.

Der Empfang liegt in einem Atrium. Von den beiden darüberliegenden Decks fällt helles Tageslicht auf das großflächige Wandgemälde über dem Empfangstresen.

Alt-Heidelberg, du feine,

Du Stadt an Ehren reich,

Am Neckar und am Rheine

Kein' andre kommt dir gleich.

Stadt fröhlicher Gesellen,

An Weisheit schwer und Wein,

Klar ziehn des Stromes Wellen,

Blauäuglein blitzen drein.

Empfang
Superior

Das schwimmende Grandhotel

So wie Victor von Scheffel Stadt und Studenten der ältesten deutschen Alma Mater beschrieb, so malte sie der Engländer William Turner. Gleißendes Licht fällt auf Schloss und Neckar, flirrende Wolken rahmen Königstuhl und Stadt. Es ist ein Meer aus Licht und Farben, das den Gast auf der DEUTSCHLAND begrüßt.

Am Empfang kümmert sich der Concierge um Theaterkarten in den besuchten Städten, nebenan beraten die freundlichen Reiseleiter der Touristik-Abteilung die Landgänger und nehmen Ausflugsbuchungen entgegen. Auf Deck vier und Deck fünf liegen rund 70 funktionale, elegant und komfortabel eingerichtete Innen- und 170 Außenkabinen, auf Deck sieben und acht befinden sich rund 50 Luxuskabinen, Suiten und Grand-Suiten. Alle mit Flachbildfernsehern und einem modernen Infotainment-System ausgestattet. Für maximal 520 Passagiere gibt es Betten an Bord. Meist ist die DEUTSCHLAND mit 450 Passagieren ausgebucht, denn nicht alle Doppelkabinen werden stets doppelt belegt.

»Mitternachtssnack« vor dem Wandgemälde über dem Empfang.

DECK

In der Hochzeitssuite

Abendliche Stimmung in einer der Luxuskabinen

Goldene Wasserhähne sind Standard in den Badezimmern.

Im Kaisersaal – Kapitän Jungblut stellt den Passagieren persönlich seine Offiziere vor.

Kapitän und Besatzung

Gegenüber vom Empfang ist eine Bildertafel: Der Kapitän und die Schiffsleitung stellen sich vor. Das sind im nautischen Bereich die Offiziere und Schiffsingenieure, im gastronomischen Bereich Hoteldirektor, Food- und Beverage-Manager, Obersteward, Küchenchef und Hausdame, für die Unterhaltung Kreuzfahrtdirektor und Ausflugsleiter. Zur Besatzung gehören natürlich auch Matrosen, Handwerker, Rezeptionisten, Restaurant- und Kabinenstewards und -stewardessen, nicht zu vergessen Künstler und andere Könner: Bordorchester, Ballett, Barpianist, Bordpfarrer, Bordarzt, Bordfotograf, Fitnesstrainer, Florist, Friseur, Boutiquenbetreiber, das Expertenteam für Kosmetik, Maniküre und Massage, Host und Hostess.

Netter Service am Frühschoppen-Buffet

Hinzu kommen die vielen fleißigen Hände, die alles blitzen und blinken lassen, jedes Staubkörnchen finden, Deckchairs aufräumen, Teakdecks schrubben, Schornstein putzen, Messing polieren, Uniformen bügeln, Kartoffeln schälen, Küchen aufräumen, Lagerräume verwalten und die selten ein Gast zu Gesicht bekommt. Alles in allem kümmern sich auf den zehn Decks der DEUTSCHLAND rund 280 Männer und Frauen um das Wohl der Passagiere.

Im Restaurant »Lido Gourmet«

Gastronomische Highlights

Der Gastronomie an Bord des *Traumschiffs* kommt besondere Geltung zu. Der Gast kann zwischen drei – von der Chaîne des Rôtisseurs geadelten – Restaurants wählen: Im LIDO-Gourmet heißt das Motto leger und locker mit Buffet. Hier kann zu jeder Tischzeit auch auf der Außenterrasse auf dem Achterdeck gespeist werden, an weißen Tischen unter gelben Sonnenschirmen. Neben der LIDO-Bar und dem LIDO-Grill werden an der Wokstation leichte kulinarische Leckereien zubereitet.

Im Hauptrestaurant »Berlin«

Blick aus dem Restaurant »Berlin« auf Treibeisberge in Grönland

Im Hauptrestaurant »Berlin« wacht der Obersteward über vollendeten Service. Hier findet am letzten Abend auch die aus dem Fernsehen bekannte Eistortenparade statt. Im Gourmettempel »Vierjahreszeiten« wird internationale und regionale Küche angeboten. Dort wird der vortreffliche Edelfisch kredenzt, den der Küchenchef frühmorgens gleich nach dem Anlegen auf dem Fischmarkt erwarb. Er steht an der Spitze der 60-köpfigen Küchenbrigade, zu der 30 Köche gehören. Sie arbeiten als Sous-chef, Demi-chef de cuisine, Chef de partie, Saucier, Gardemanger, Entremetier, Poissonnier, Legumier, Rôtisseur. In der weißen Brigade hat jeder seinen Platz, Saucen-, Beilagen- oder Gemüsekoch. Eine Bäckerei und eine Patisserie gehören ebenfalls dazu. Brot, Brötchen, Kuchen und Torten für Passagiere und Besatzung werden an Bord gebacken.

Gedeck im Restaurant »Vier Jahreszeiten«

Dinieren mit Stil – im »Vier Jahreszeiten«

In der Bordküche warten die »Köstlichkeiten« auf die Passagiere.

Die Küche ist rund um die Uhr im Einsatz, um die Passagiere mit Köstlichkeiten aller couleur zu versorgen. Dazu gehören bei einer Ostseekreuzfahrt unbedingt Stock- und Räucherfisch, warmer Hering, Köttbullar und Roter Kaviar.

Stargast Roberto Blanco stattet der Küche einen Besuch ab.

Auf einem Luxusliner zu kochen, ist eine logistische Meisterleistung. Etwa 2500 Vorspeisen, Zwischen- und Hauptgerichte sind täglich anzurichten, Suppe und Dessert nicht mitgezählt. Zudem Frühstück- und Kuchenbuffets, Mitternachtssnacks. Auch die Crewmitglieder wollen versorgt sein. Drei Köche bereiten Eintöpfe, Gulasch und Spaghetti zu.

Frisches Obst – spektakulär in Szene gesetzt

Ein Kreuzfahrtschiff ist eine kleine Welt für sich: Wenn die Provianträume im Bauch der DEUTSCHLAND gut gefüllt sind, das heißt, wenn z. B. für eine 14-tägige Nordlandreise etwa 18.000 Eier, 1500 kg Mehl, 500 kg Zucker, 200 kg Kaffee, 400 Flaschen Champagner, 1200 Flaschen Sekt, 800 Flaschen Weiß- und 500 Flaschen Rotwein, 1500 Liter Fassbier … gebunkert sind, in den Kühlhäusern Fisch und Fleisch, Obst, Gemüse und frische Blumen lagern, dann ist das Schiff autark. Während der langen Wintersaison, in der die DEUTSCHLAND fern der Heimat vor sonnigen Küsten kreuzt, werden etwa 500 Tonnen Fracht rund um die Welt hinterher geschickt, in Trocken-, Kühl- und Tiefkühl-Containern. Obst und Gemüse werden vorbestellt und unterwegs eingekauft, ebenso wie frischer Fisch und frisches Fleisch. Etwa 450 kg Fleisch und 260 kg Fisch werden täglich in den Küchen des *Traumschiffes* verarbeitet, um die 750 Menschen an Bord zu versorgen.

Mitternachtssnack im Foyer vor dem Kaisersaal

Austern, Scampis, Langusten, Hummer kommen dazu, je nach Region, Mango, Papaya, Ananas gibt es inzwischen weltweit und ganzjährig.

Kieler Sprotten und französischer Käse werden im Kühlcontainer eingeflogen. Würstchen müssen auch mitgenommen werden – denn wo soll man in Südamerika Wienerle nachkaufen? Davon werden 25 Kilo pro Tag gebraucht. Es ist gute Tradition, Würstchen, Schmalzstullen und die mittlerweile schon legendären Bouletten als herzhafte »Zwischengerichte« in der Bar »Zum alten Fritz« anzubieten. Deftig geht es auch beim Frühschoppen zu. Bei Freibier und Jazz schmecken bayerische Schmankerln, Spanferkel, Weißwurst und Brezeln.

Frischfisch – dekorativ präsentiert

»Zum Wohl« – beim beliebten Frühschoppen

Morgendliche Ruhe am Meerwasserpool

Entspannen und genießen

Entspannung und Erholung finden Passagiere im Außenbereich auf den weitläufigen Teakholz- und Rasenflächen, mit und ohne Sonne, mit und ohne Wind. Dem Wasser am nächsten ist man an der Reling auf dem Achterschiff. Windgeschützt ist es rund um den Meerwasserpool, wo Sitzecken und auch Deckchairs in ausreichender Zahl zur Verfügung stehen. Über der Back- und vor der Adlon-Lounge stehen Teakholzliegen für die Sonnenhungrigen. Die Polsterauflagen azurblau, der Schiffsname mit Goldfaden gestickt. Mehr als 3000 Quadratmeter Außendeck stehen den Passagieren zur Verfügung. Für den Meerwasserpool werden aus großer Tiefe die 72.000 Liter Wasser herauf gepumpt und aufbereitet.

Eisberge treiben vor den Außendecks

Die Passagiere amüsieren sich auf den Außendecks bei der »Grönland-Party«.

Wer es auch im Sommer gern kuschelig hat, nutzt den Innenpool, wo Wärmeliegen zur Verfügung stehen. Das feine Kurzentrum *Wellness Spa DEUTSCHLAND* ist eine Verwöhnoase für Körper und Seele, für Schönheit und Ausstrahlung mit Rasul-Dampfbad, Kraxen-Ofen, Cleopatra-Bad, Kosmetik, Massage und Thalasso-Therapie. Da kann man den Alltag vergessen.

Frühaufsteher treffen sich bei Sonnenaufgang im Fitness-Zentrum und trainieren mit modernen Multi-Task-Geräten, um anschließend im Römischen Dampfbad oder in der Finnischen Sauna eine Runde zu relaxen. Das morgendliche Sportprogramm bekommt seinen ganz besonderen Reiz durch den einzigartigen Ausblick aufs Achterwasser – ob vom Stepper oder von der Saunabank.

Zum Zeitvertreib an Bord gibt es zahlreiche Angebote: »Walk a mile« gehört ebenso zu den Seereisenklassikern wie Shuffle-Board, Schachbrett, Tischtennis und Tontaubenschießen. Golf-Abschlagplatz und Putting green waren früher eher selten.

Traumhaft logieren bei schöner Aussicht.

Ein Zuhause auf See

Salzluft ist gesund und macht müde. Das schwimmende Zuhause lässt ein Nickerchen zu jeder Zeit zu. Die Kabine ist nach dem Frühstück tiptop aufgeräumt, frische Blumen, frisches Obst, frische Handtücher, frische Wäsche. Ein Zuhause zum Wohlfühlen, elegant und doch anheimelnd, die Farben, die Bilder, die Einrichtung, das Wurzelholzfunier, das echtem Holz täuschend ähnlich ist.

Alle Materialien, die für die Innenausstattung eines Schiffes verwendet werden, müssen aus nicht brennbaren oder schwer entflammbaren Stoffen bestehen. Holz gehört nicht dazu. Deshalb sind nur die Tanzböden in der Bar »Lili Marleen« und im »Kaisersaal« aus Holz. Die UN-Konvention zur Schiffssicherheit, die »International Convention of Safety of Life at Sea« schreibt das vor. Seit 01.10.2009 ist eine neue Fassung mit noch strikteren Feuerschutzbestimmungen in Kraft. Darin ist festgehalten, wie Lichtsysteme, Rauchmelder, Sprinkler, Alarmsysteme für alle Unterkünfte und Serviceräume auszusehen haben. Die DEUTSCHLAND entsprach schon seit jeher diesen Vorschriften.
Damit ist sie nicht nur ein traumhaft schönes, sondern zugleich auch ein sehr sicheres Schiff.

Kolonnade beim Restaurant »Vier Jahreszeiten«

Seewasser aus großen Tiefen wird aufbereitet für den Meerwasserpool und Thalasso-Bäder. Es wird entsalzt zu Trinkwasser, und später geklärt und biologisch rein wieder in die See abgegeben. Aktiver Umweltschutz ist für die Reederei ein ernstes Thema. So gehörte sie z. B. zu den ersten, die die Verpflichtungserklärung des WWF Deutschland zum Schutz der Ostsee unterzeichnete und ist seit 2007 auch Mitglied der International Association Antarctica Tour Operators (IAATO).

Die Hausdame herrscht über die Wäscheberge und die sind hoch auf der DEUTSCHLAND. Es sind täglich gut 5000 Frotteetücher in Benutzung. Weiße Waschlappen, Hand- und Badetücher in den Passagierskabinen, Gästetücher in den Waschräumen, gelbe Hand- und Badetücher im Fitness- und Saunabereich, blaue Badetücher auf den Sonnendecks.
Zusätzlich 1000 Badvorleger, 1000 blütenweiße Bademäntel, Hand- und Badetücher für die Crew. In den Stores verwaltet die Hausdame 1500 Bettlaken, 1500 Kissenbezüge, 1000 Tischdecken und etwa 3000 Servietten!

Immer freundlich, immer fleißig – die »Bord-Philippinos« bei der Arbeit in der Wäscherei.

Der Kaisersaal – Prunk im Stil der Zwanziger Jahre

Der MS DEUTSCHLAND-Shanty-Chor bei seinem traditionellen Auftritt auf der Kaisersaal-Bühne.

Der Kaisersaal

Jeder Tag bei einer Kreuzfahrt schenkt andere Einblicke und Ausblicke, auf hoher See, an Bord, auf jedem Deck, voraus und achteraus, an Land bei Ausflügen, Panoramafahrten, Promenadenbummel, Rundgängen – jeder Kreuzfahrtabend schenkt den Zauber einer Nacht:
Der prachtvolle rot-goldene Kaisersaal erstrahlt zum Kapitänsempfang, zum Ball der Zwanziger Jahre und bei wechselnden Programmen mit großen Stars und jungen Talenten. Pantomime, Zauberer, Popstars treten auf, Operette, Musical, Revue, kleine und große klassische Konzerte werden geboten. Das Bordorchester spielt auf, das Tanzbein wird nicht müde, die Barmusiker auch nicht und das letzte Licht verlischt mit den Sternen der Nacht.

Das Reederei-Logo auf dem Schornstein der DEUTSCHLAND ist weithin sichtbar.

Die Reederei und das Schiff im Porträt

1972 gründete Peter Deilmann ein Unternehmen, das sich über die Jahrzehnte als private Reederei im Bereich klassischer Kreuzfahrten einen Namen gemacht hat. Das durch den Reeder geprägte Markenzeichen »Deutsche Kreuzfahrttradition« wurde zum Inbegriff luxuriöser, anspruchsvoller Schiffsreisen, die Reederei selbst unzählige Male national und international ausgezeichnet.

2010 erwirbt die Münchner Familienholding AURELIUS AG eine Mehrheitsbeteiligung an der Reederei Peter Deilmann und dem von ihr betriebenen Flaggschiff MS DEUTSCHLAND, das 1998 bei HDW in Kiel gebaut und von Alt-Bundespräsident Richard von Weizsäcker getauft wurde. Das 5-Sterne-Superior *Traumschiff* ist aus der gleichnamigen Fernsehserie bekannt und fährt als weltweit einziges Kreuzfahrtschiff unter deutscher Flagge.

Autor und Bildjournalist Christian Prager, vor dem Traumschiff-Logo am Schornstein der »Deutschland«.

Fachjournalisten, Jurymitglieder und Hotelbewerter sind sich einig: Die DEUTSCHLAND fährt an der Weltspitze ganz vorn mit.

- **6 Star Diamond Award:**
  Höchste Auszeichnung der von Frank Sinatra gegründeten American Academy of Hospitality Sciences. Die DEUTSCHLAND beeindruckte bei den Testern der Academy vor allem mit höchst persönlichem Service in einem luxuriösen Umfeld.

- **Hotelier des Jahres Special Award 2008:**
  Sonderpreis der Allgemeinen Hotel- und Gastronomie-Zeitung (AHGZ) für herausragende Leistungen zur Profilierung der deutschen Hotellerie.

- **Ship Pax Award for Outstanding Cruise Saloons:**
  Auszeichnung durch das Fachmagazin Cruise & Ferry Info für die DEUTSCHLAND.

- **Readers' Choice Award:**
  Leser und Autoren des Condé Nast Traveller, eines der wichtigsten Reisemagazine im englischsprachigen Raum, wählten die DEUTSCHLAND über sechs Jahre kontinuierlich in die »Gold List«.

- **5 Sterne »Superior«:**
  Auszeichnung durch den Deutschen Hotel- und Gaststättenverband (DEHOGA) für die herausragenden Leistungen sowie Qualitäts- und Servicestandards der DEUTSCHLAND.

- **Schiff des Jahres 2008:**
  Auszeichnung durch den Busche Verlag für besondere Leistungen und Reisekonzepte der DEUTSCHLAND.

- **Chaîne des Rôtisseurs:**
  Mitglied der traditionsreichen internationalen Vereinigung, die sich der gehobenen Kochkunst und Tafelkultur unter dem Leitsatz »Qualität vor Quantität« verschrieben hat.

- **Daily Express British Cruise Awards 2000/2001:**
  Auszeichnung der DEUTSCHLAND als eines der sechs besten Kreuzfahrtschiffe der Welt in der Kategorie »Best Ultra-Deluxe Ship«.

- **Top 10 Small-Ship:**
  Aufnahme der DEUTSCHLAND in die Liste der weltbesten Schiffe in der Kategorie »Top 10 Small-Ship« durch die Leser von »Travel + Leisure«, einem der führenden amerikanischen Reisemagazine.

Technische Daten MS DEUTSCHLAND

- **BRZ:** ca. 22.400
  Länge über alles: 175,00 m
  Breite auf Spanten: 23,00 m
  Antrieb: 4 Hauptmotoren,
  gesamt 12.320 kW, 16.750 PS
  Geschwindigkeit: 20 Knoten

- **Kabinenanzahl:** 294, davon 224 außen

- **Passagierzahl:** 520, **Besatzung:** 280

- **Klassifikation:** Germanischer Lloyd,
  Schiff 100 A5 E1, »mit Freibord 2,3 m«,
  »Passagier-Schiff«, IW Maschine MC E1 AUT

- **Bauwerft und Ablieferung:**
  Howaldtswerke-Deutsche Werft AG, Kiel,
  Mai 1998

- **Heimathafen und Flagge:**
  Neustadt in Holstein, Deutschland

- **Vertragsreeder:** Reederei Peter Deilmann
  GmbH, Am Holm 25, D-23730 Neustadt in
  Holstein, Telefon (04561) 396-0,
  Fax (04561) 8207,
  E-Mail: info@deilmann.de
  www.deilmann.de

DIE DEUTSCHLAND

DAS TRAUMSCHIFF

Die DEUTSCHLAND ist das weltweit einzige Kreuzfahrtschiff unter deutscher Flagge.

Bar »Zum Alten Fritz«
Die stilvoll eingerichtete Bar mit ihren gemütlichen Ledersesseln und -couches ist genau der richtige Ort für Ihren Apéritif oder den geselligen »Feierabend« in entspannter Runde. Dazu wird hier gerne auch live gespielt.

Bibliothek »Adlon Lounge«
An diesem Ort der Ruhe und der Muße können Sie ganz und gar ungestört ein Buch lesen, in einem Bildband blättern, sich in einem Reiseführer über die nächsten Zielorte informieren oder im Internet surfen.

Zodiacs
In den Festrumpfschlauchbooten fahren Sie zu exotischen Tauchplätzen und spannenden Meeresexkursionen.

Sonnendeck
Ob in der Sonne oder im Schatten, am Meerwasserpool der DEUTSCHLAND liegen Sie goldrichtig. Und die Crew der Pool-Bar freut sich, Sie bestens zu umsorgen.

Kino
Unterhaltsames, Spannendes und Besinnliches. Hier sehen Sie Filme und erleben Lesungen.

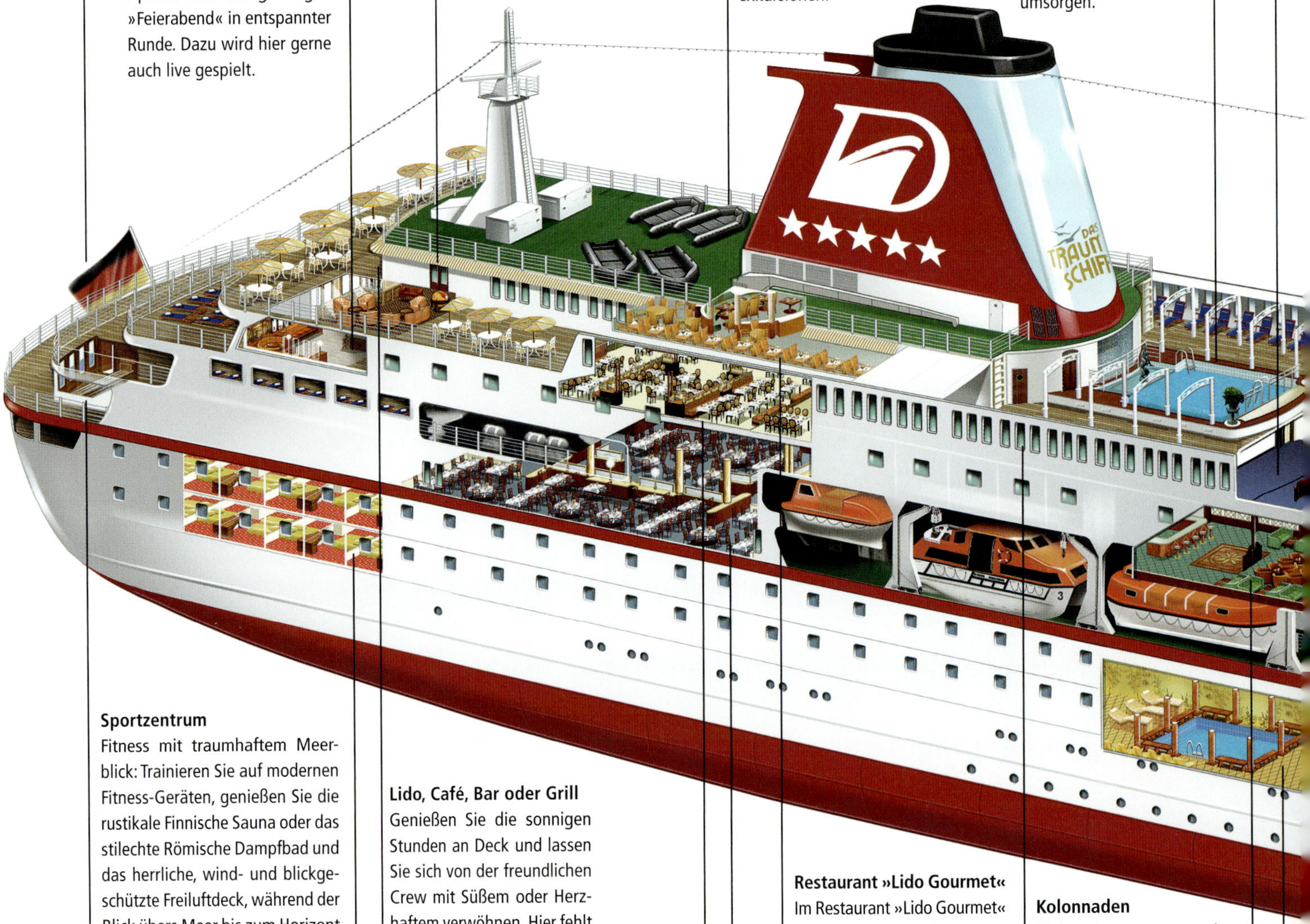

Sportzentrum
Fitness mit traumhaftem Meerblick: Trainieren Sie auf modernen Fitness-Geräten, genießen Sie die rustikale Finnische Sauna oder das stilechte Römische Dampfbad und das herrliche, wind- und blickgeschützte Freiluftdeck, während der Blick übers Meer bis zum Horizont schweift.

Lido, Café, Bar oder Grill
Genießen Sie die sonnigen Stunden an Deck und lassen Sie sich von der freundlichen Crew mit Süßem oder Herzhaftem verwöhnen. Hier fehlt es Ihnen an nichts!

Restaurant »Lido Gourmet«
Im Restaurant »Lido Gourmet« speisen Sie in mediterranem Flair, was die Küchenchefs an delikater Viellfalt und Köstlichkeit jedenTag aufs Buffet zaubern.

Kolonnaden
Klein aber ausgesprochen fein: die Shopping-Meile an Bord mit wohl sortierter Boutique, Edel-Juwelier und Coiffeur.

282 Kabinen
Ihr privates Reich auf Reisen. Die luxuriösen Kabinen sind geschmackvoll möbiliert und mit edlen Hölzern, feinen Stoffen in warmen Farben und ausgewählt schönen Accessoires ausgestattet. Ganz im Stile eines Grandhotels.

Restaurant »Vierjahreszeiten«
Ein kulinarisches Glanzlicht! Genießen Sie exquisite Spazialitäten à la carte, eine Auswahl edelster Tropfen, festliches Ambiente und formvollendeten Service. Das »Vierjahreszeiten« ist mit 2 Gault Millau Hauben ausgezeichnet und Mitglied in der Chaîne des Rôtisseurs.

Restaurant »Berlin«
Freuen Sie sich auf raffinierte und köstliche Menüs, die Ihnen in der behaglichen, stilvollen Atmosphäre des Restaurants »Berlin« charmant serviert werden.

Salon »Lili Marleen«
Der charmante und elegante Salon für gepflegtes Vergnügen bei Tanz oder Tee, Cocktail oder Konzert.

12 Suiten
für den besonders großen Luxus auf Reisen. Und 4 Grand-Suiten sowie der Eigner- und Hochzeitssuite steht Ihnen als Gipfel der Exklusivität ein Butler-Service zur Verfügung.

Golfdeck
Der Trainingstreffpunkt der Golffreunde mit Abschlag, Putting-Green und phänomenaler Aussicht.

Rezeption
Die Empfangshalle mit Conciergerie und Reiseleitung. Hier erhalten Sie alle Informationen, hier werden alle erfüllbaren Wünsche arrangiert.

Lido Terrasse
Genießen Sie elegante Teestunden mit musikalischer Begleitung, ein Kartenspiel und den herrlich weiten Blick übers Meer.

Kinderbereich
Spaß ist Trumpf im Kinderbereich auf dem Steuermannsdeck. Es wird gebastelt, gebaut, gespielt und gelacht - hier ist immer was los!

Brücke
Hier in der High-Tech-Zentrale der DEUTSCHLAND schalten und walten der Kapitän und seine Offiziere.

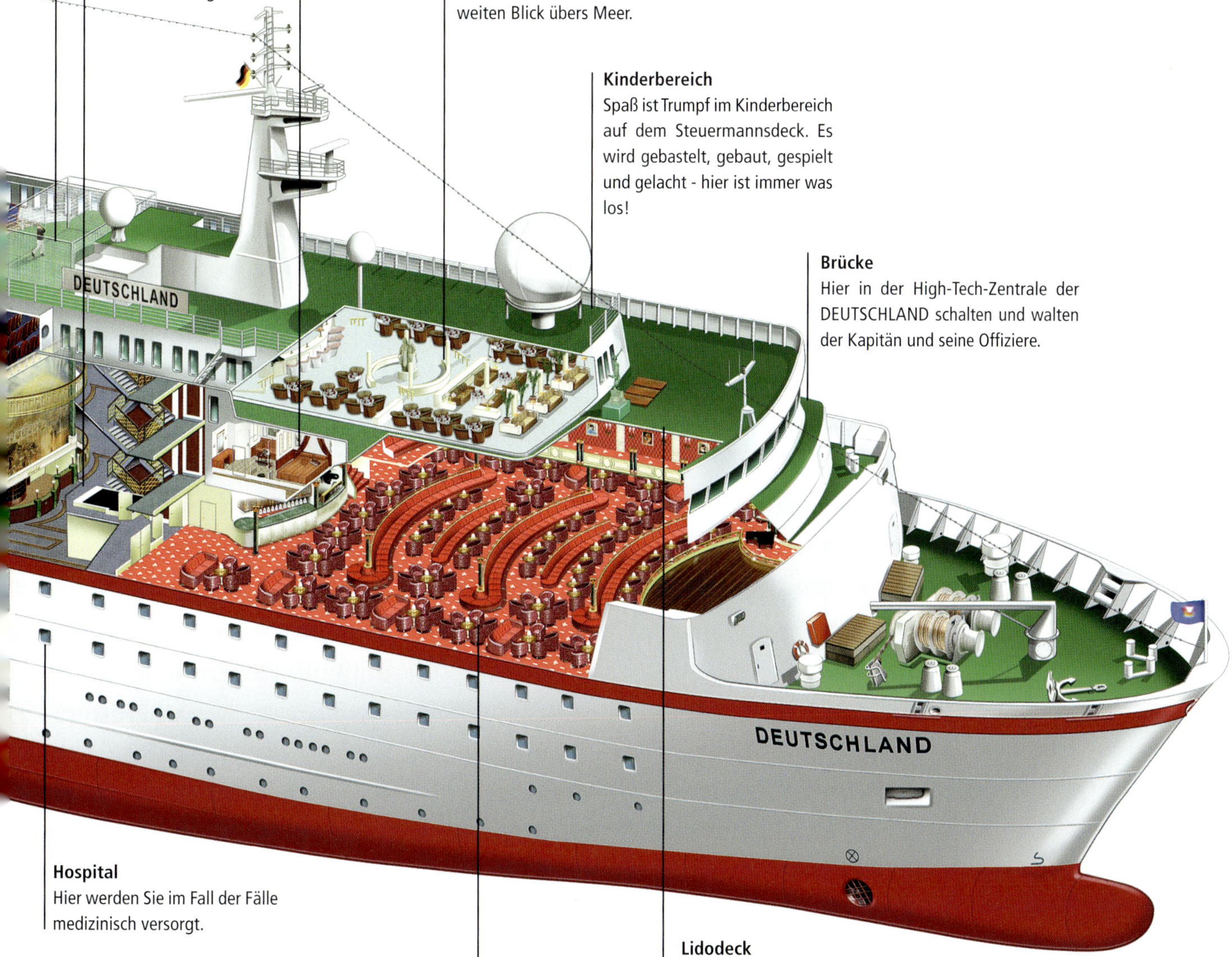

Hospital
Hier werden Sie im Fall der Fälle medizinisch versorgt.

Wellness Spa DEUTSCHLAND
Eine Oase für die Sinne mit Pool, Kleopatra-Bad, Kraxenofen, Thalasso, Ayurveda, Kosmetik, Massage ... kurz mit allem, was zu Ihrer vollkommenen Entspannung führt.

Kaisersaal
Hier schlägt das Herz des gesellschaftlichen Bordlebens im prächtigen Ambiente der Goldenen 20er Jahre.

Lidodeck
Ob Jogging, Walking oder einfach ein Spaziergang: Das umlaufende Lidodeck bietet vom Heck bis zum Bug freien Himmel, frische Luft und beste Aussichten.

Die Reise

Kreuzfahrt in den hohen Norden

Romsdalsfjord – MS DEUTSCHLAND an der Pier bei Åndalsnes

Norwegen

Fischerjunge aus Åndalsnes

Frau der Samen, des ältesten Volkes des Landes

Norwegen, der »Weg nach Norden«, ist steilstes Bergland, dem Meer verschwistert, tiefe Fjorde, ungezählte Inselsplitter, ewiges Eis, gigantische Gletscher und goldene Mittsommernacht. Norwegen ist das Land der rauen Wikinger und magischen Runen, der Legenden und Mythen, ist überwältigende Einsamkeit.

Die Kontraste könnten kaum größer sein in diesem Land, »vom Meer zernagt und durchfurcht, das mit tausend Heimen aus den Fluten ragt«, wie es in der Nationalhymne heißt. Auf engstem Raum wechseln entlang der Küste abrupt die verschiedensten Landschaftsbilder: schroffe Felswände, graugrüne Gebirgsseen, verschneite Pässe, irisierend blaugrüne Fjorde, bunte Bauernhöfe inmitten satter grüner Weiden und blühender Blumenwiesen, weiße Sandstrände und rote Fischerhütten. Am Ende der Fjorde erheben sich schroffe Felswände, oft liegen sie direkt am Fuß der höchsten Berge und größten Gletscher des Königreichs. Atemberaubend schön ist diese extrem zerklüftete Küstenlinie, diese von der Eiszeit modellierte Landschaft, die nahezu unvorstellbare 25.148 Kilometer beträgt, was fast dem halben Erdumfang entspricht.

Geirangerfjord mit dem Ort Geiranger ▶

Kirche von Geiranger

Es ist ein Wunder, dass in diesem schwer zugänglichen, sehr dünn besiedelten Land eine einzige Nation entstanden ist. Umso mehr, als Norwegens Geschichte stark von Fremdherrschaft und Besatzung geprägt ist. In der Wikingerzeit vor etwas mehr als 1000 Jahren erlebte das Land eine erste Blüte, als der legendäre König Harald I. »Schönhaar« das Land einte. Die kriegerischen »Nordmänner« – in ganz Europa wegen ihrer Raubzüge und rauen Sitten gefürchtet – kolonisierten Grönland und Island und stießen auf ihren Expeditionen bis nach Nordamerika vor. Sie nannten sich Wikinger, nach ihren angestammten Sitzen in den Buchten *(vik)* Norwegens. 1380 wurde das Land für fast fünf Jahrhunderte Teil des Königreichs Dänemark, von 1814 bis 1905 gehörte es zu Schweden. Nach der gänzlich friedlichen Auflösung der Union mit Schweden bestieg der dänische Prinz Carl als Håkon VII. den norwegischen Thron, der Großvater des heutigen Königs Harald V. Das Königreich Norwegen war als konstitutionelle Monarchie geboren und entwickelte sich in der Folge aufgrund seiner Bodenschätze zu einem der reichsten Länder der Erde mit einem vorbildlichen Sozialstaat. Mit seinen 4,8 Millionen Einwohnern ist es das am dünnsten besiedelte Land Europas.

Da die bis zu 200 Kilometer ins Land hinein fingernden Fjorde jede Nord-Süd-Verbindung entlang der 2700 Kilometer langen Küste unterbrechen, ist die beste Art, die abenteuerliche Fülle und grandiose Herbheit der Gebirgs- und Fjordlandschaften kennenzulernen der Wasserweg, eine Fahrt mit dem Kreuzfahrtschiff entlang der Schärenküste.

Mystische Stimmung in der Fjord- und Sundlandschaft

Den schönsten Blick auf Bergen genießt man vom Berg Fløyen.

Mal geht es durch tiefe Fjorde und enge Sunde, mal durch die Schären hindurch, dann wieder aufs offene Meer hinaus. Im Sommer, wenn die Mitternachtssonne die Welt in goldenem Licht ertränkt, beziehen die Tage die Nächte mit ein. »Die Fjorde blau, die Tore, der Donner und das Licht, durch die das Oratore der großen Erde bricht«, heißt es bei Gottfried Benn.

Als der Luxusliner Bergen erreicht, die alte Hafen- und Handelsstadt und berühmteste Regentstadt des Nordens, hängt der Himmel noch tief. Dann aber bricht die Sonne durch, erst als gelber Fleck in der Wolkendecke, dann als goldene Kugel näher und näher ins graue Licht rollend. Alles Schwermütige verdampft – wie Trolle, wenn die Sonne sie bescheint.

Bergen – eine Perle des Nordens in ihrer ganzen Schönheit

Umrahmt von sieben Hügeln, von Inseln, bewaldeten Hängen und Bergen umgeben, die den Hafen schützen, öffnet sich die Stadt, die zu Recht als schönste Metropole Norwegens gilt, dem Atlantik.

Die »Königin der Fjorde« und lange Zeit bedeutendste, reichste und größte Stadt des Nordens war Norwegens weit offene Tür nach Europa hin. Von hier aus nahmen die großen Gestalten des norwegischen Kunstschaffens ihren Anfang, hier war das Zentrum des Handels mit Europa. Im zwölften Jahrhundert war Bergen die Residenzstadt des norwegischen Königs und bis ins 17. Jahrhundert hinein Hauptumschlagplatz der Lübecker Hanse. Von hier aus wurde mit Tuchen aus London, Holz, Honig und Wachs aus Russland und orientalischen Luxuswaren wie Gewürzen und Seide gehandelt. Die hanseatischen Kaufleute brachten Getreide, Salz, Malz und Bier ins Land. Doch die eigentlichen Reichtümer brachte der Handel mit Stockfisch von den Lofoten, den die Hanse europaweit bekannt machte: einerseits als Fastenspeise in den katholischen Ländern, andererseits als nahezu unverderbliche, energiereiche Nahrung.

Bezeichnenderweise findet sich im Wappen der Hanse ein Stockfisch, der eine Krone trägt. Vom einstigen Glanz der Handelsstadt zeugen heute noch die stilvollen alten Holzhäuser, ehemalige Kontor- und Lagerhäuser, im alten Hanseviertel Brygge, UNESCO Welterbe und bedeutendste Sehenswürdigkeit Bergens.

Heute ist Bergen eine kosmopolitische Stadt mit einzigartigem Flair, mit seinen verwinkelten Gassen, Treppen, Erkern und Kellerhäuschen, sowie ein Kulturzentrum mit hochkarätigen Kunstmuseen und Galerien.

Stockfisch, zum Trocknen aufgehängt

Bergens Hanseviertel Brygge

AVTRYGD
FISKEKROGEN

NYE
HAV-
REKER
NYKOKTE
REKER

Eine Augenweide: Torget – der Fischmarkt von Bergen. Hier kauft auch der Chefkoch der DEUTSCHLAND persönlich ein.

Vom Fløyen, dem Hausberg Bergens, auf den eine Kabelbahn führt, hat man aus 320 Meter Höhe den schönsten Blick auf die Stadt und ihre einzigartige Lage. Und wer Fisch und Meeresfrüchte mag, wird den Fischmarkt lieben.

Der berühmte Komponist Edvard Grieg lebte in der Villa Troldhaugen nahe Bergen.

Bergens berühmtester Sohn ist der Komponist Edvard Grieg. Wer seine Stein gewordenen Melodien liebt, für wen Solveigs trauriges Lied der Inbegriff der norwegischen Seele ist, für den ist der Besuch seiner in fantastischer Lage gelegenen, im viktorianischen Stil erbauten Villa Troldhaugen ein Muss. Am Strand unterhalb der Villa ist das Klippengrab, in dem Grieg und seine Frau Ina bestattet sind.

Weiter geht es durch das grüne eisige Wasser, vorbei an winzigen Fischerdörfern, weißen Gletscherkuppen und schwarzen Überhängen wilden Geklüfts zum Geirangerfjord, Norwegens, wenn nicht Skandinaviens spektakulärster Touristenattraktion.

Die DEUTSCHLAND auf Reede im Geirangerfjord

»Die sieben Schwestern« im Geirangerford – ein »rauschendes« Erlebnis

Smaragdgrün schimmert sein Wasser zwischen schroff abfallenden, 1000 Meter hohen Felswänden, zum Greifen nah. Sagenumwobene Wasserfälle, die so klangvolle Namen tragen wie »Die sieben Schwestern« oder »Brautschleier« donnern in gewaltigen Katarakten zu Tal, der kleine Ort Geiranger schmiegt sich terrassenförmig an einen grünen Hang.

Ausblick vom Gipfel des Dalsnibba auf Geiranger

Kreuzfahrtschiffe ankern im Fjord vor der Ortschaft Geiranger.

Faszinierend ist auch die Geschichte der Bewohner des Fjords, die jahrhundertelang in einsamen Gehöften auf steilen Hängen und schmalen Plateaus über dem Fjord siedelten. Mit dem Bus geht es durch das grüne Flydal über Haarnadelkurven hinauf auf den 1494 Meter hohen Dalsnibba, von wo sich eine atemberaubende Aussicht auf den Fjord und die stecknadelgroßen Kreuzfahrtschiffe bietet.

Blick auf den Trollstigen-Wasserfall

»Da schau her« – ein Troll.

Ein weiteres Highlight Norwegens ist die spektakuläre Gebirgsstraße Trollstigen, die in weiten Schleifen zum höchsten Punkt der Route, dem in 850 Metern Höhe gelegenen Trollstigheimen ansteigt.

◀ *Der gewaltige Trollstigen-Wasserfall erfüllt alles mit seinem Tosen.*

Es ist die Heimat der Trolle, jener Sagengestalten mit den Knubbelnasen und den langen Schwänzen, mal ein-, mal dreiäugig, mal Zwerg, mal Riese, dämlich, gutmütig oder boshaft-verschlagen. Sie treiben nachts ihr Unwesen, denn wenn ein Sonnenstrahl sie trifft, werden sie zu Stein.

Das liebenswerte Städtchen Molde war dank seiner faszinierenden Lage am Ausgang des Romsdalsfjords, vor der Kulisse der auch im Sommer schneebedeckten Gipfel der Sunnmøre-Alpen, bereits im 19. Jahrhundert ein beliebtes Reiseziel der europäischen High Society. Es hat bis heute nichts von seiner Anziehungskraft verloren und trägt seinen Beinamen »Alpenstadt am Fjord« völlig zu Recht. Dank des Golfstroms, der Norwegens Küste vom Skagerrak bis zur Barentssee warm bespült und von Eis frei hält, gedeiht hier eine Rosenstadt mit gelegentlich fast südlichem Flair. Nach der kargen Vegetation des Fjordlands berauscht die alte Handelsstadt mit ihren Tausenden von Rosen die Sinne.

Tromsø, mit seinen 66.000 Einwohnern die größte Stadt Nordnorwegens, war schon im Mittelalter eine bedeutende Handelsstadt.

Herrlicher Panoramablick auf Tromsø

Die Tromsøbrua (Brücke) und die Eismeer-Kathedrale

Sie entwickelte sich um eine 1252 auf der bereits in vorgeschichtlicher Zeit besiedelten Halbinsel Tromsøya errichteten Kirche. 1794 erhielt Tromsø Stadt- und Handelsrechte, 1803 wurde es Bischofssitz. Die zu Recht als »Tor zum Eismeer« bezeichnete Stadt war ab 1820 Ausgangspunkt zahlreicher Arktis-Expeditionen. Von hier aus startete der erste Mensch am Südpol, Roald Amundsen, 1928 mit dem französischen Flugzeug »Latham«, um dem verschollenen Umberto Nobile zu Hilfe zu eilen – er sollte nie zurückkehren. Diesen Forschungsreisen verdankte Tromsø seine entscheidenden Wachstumsimpulse. Heute ist die Metropole das wichtigste Wachstumszentrum Nordskandinaviens und eine Stadt der Superlative: Sie ist flächenmäßig die größte Stadt Europas und erstreckt sich vom Festland mit dem Stadtteil Tromsdalen über die Tromsøbrua zum Zentrum auf der Halbinsel Tromsøya.

Hier befindet sich der nördlichste Bischofssitz, die nördlichste Brauerei und die nördlichste Universität. Deren etwa 10.000 Studenten ist es zu verdanken, dass Tromsø heute eine lebendige Stadt mit urbanem Flair und regem Nachtleben ist. Zahlreiche Cafés und Bars, Restaurants und Bistros haben bis früh morgens geöffnet, und die Fußgängerzone und Haupt-Shoppingmeile Storgata verströmt einen Hauch von Paris. Tromsø entging als einzige größere Stadt nördlich des Polarkreises der deutschen Aktion »Verbrannte Erde«, mit der die deutsche Wehrmacht am Ende der Besatzung Norwegens im Herbst 1944 das Vorrücken der Alliierten verhindern wollte: Straßen wurden aufgerissen, Brücken gesprengt, Viehherden getötet, Häuser verbrannt, ja ganze Städte, wie zum Beispiel Hammerfest, dem Erdboden gleichgemacht. Daher besitzt Tromsø auch heute noch eine Sammlung malerischer alter Holzhäuser – obgleich sich mehr und mehr der modernen Glaspaläste breit machen.

Im Stadtteil Tromsdalen liegt das markante Wahrzeichen der Stadt, die futuristisch wirkende dreieckige Eismeer-Kathedrale, die das Polarlicht, die Mitternachtssonne und das Nordlicht symbolisieren soll.

Die berühmte Eismeer-Kathedrale zu Tromsø

Ein Hurtigruten-Schiff nimmt Kurs auf die Lofoten.

Tromsø gegenüber erheben sich die Zinnen und Zacken der Inselgruppe der Lofoten wie eine Mauer aus dem Ozean. Leuchtende Holzhäuser, türkisblaues Meer, schneebedecktes schroffes Urgestein: Die »Inseln der Götter«, wie die Wikinger sie nannten, sind ein Paradies für Wanderer, Angler, Radfahrer, Paddler und Vogelfreunde und werden von den Norwegern selbst als schönstes Ferienziel des Königsreichs gerühmt.

Nach Tromsø beginnt das Nordkapland, der äußerste Nordrand der Welt, seit der Antike als »Ultima Thule« bezeichnet. Bereits im vierten vorchristlichen Jahrhundert berichtet der griechische Entdecker Pytheas von Thule, »einem letzten Land im Norden«, nahe dem »geronnenen Meer« (Eismeer). Hier am Ende der Welt, in den menschenleeren Tundrasteppen zwischen den rauen Ufern der Eismeerküsten, haben die Samen ein letztes Rückzugsgebiet gefunden.

Same in traditioneller Tracht mit Rentier vor seinem Zelt

Teilansicht von Hammerfest, der nördlichsten Stadt der Welt

Einst durchstreiften diese Nomaden mit ihren Rentierherden fast ganz Finnland, Schweden und Norwegen. Heute gibt es die vor über 4000 Jahren eingewanderte ethnische Minderheit – die »Erstgeborenen des Landes« – fast nur noch in Nordnorwegen. Lange Zeit diskriminiert tragen sie heute wieder mit Stolz ihre traditionelle blau-rote Kleidung und haben ihr eigenes Parlament.
Die »Festmacherstelle« – das bedeutet der Name der nördlichsten Stadt Europas, Hammerfest – war im 19. und 20. Jahrhundert ein Hafen der Walfänger und Fischer.

Angesichts der kargen, öden und baumlosen Vegetation nimmt es nicht wunder, dass die Insel Kvaløya, auf der Hammerfest liegt, »Insel der Qual« heißt. Nahezu zwangsläufig stellt sich hier das Gefühl ein, nun wirklich am *finis terrae*, dem Ende der Welt, angelangt zu sein. Ein wenig Schwermut breitet sich aus in einer Stadt dieser Lage, 1000 Kilometer nördlich vom Polarkreis, auf der Höhe von Mittelgrönland. Doch kann man nur in dieser Stadt Mitglied des berühmten Eisbärenklubs, der »Royal and Ancient Society of Polar Bears«, mitsamt Eisbärenzertifikat und Eisbärenanstecknadel werden, was für all die Ungemach entschädigt.

»Eisbär« im Club zu Hammerfest

Die letzte Station vor dem Pol ist ein 300 Meter aus dem Meer emporragender Schieferfelsen auf der Insel Magerøya – das Nordkap. Lange Zeit galt es fälschlicherweise als nördlichster Punkt Europas. Dass diese Ehre dem drei Kilometer weiter westlich gelegenen Knivskjelodden gebührt, interessiert wenig, wenn man auf dem von der Mitternachtssonne in den unglaublichsten Farben illuminierten Hochplateau in die

ungeheure Weite Richtung Pol blickt, um den sich die Erde dreht, und sich der Unendlichkeit so nahe fühlt wie nie zuvor und nie danach.

Die Mitternachtssonne zeigt sich mystisch am Nordkap. Dieser Anblick lässt jedes Kreuzfahrerherz höher schlagen.

DEUTSCHLAND

Spitzbergen

MS DEUTSCHLAND vor Anker in der Magdalenenbucht

Spitzbergen

Mitten im Eismeer, 700 Kilometer weiter Richtung Nordpol, liegt die »kalte Küste«, Svalbard, wie die Norweger den Spitzbergen-Archipel getauft haben. Das Ende der Welt sieht schön aus, eine einzige Symphonie aus Stein und Eis. Eisblaue Fjorde, in denen sich granitgraue, schneebedeckte Berge mit gezackten Gipfeln spiegeln. Zwei Drittel der Insel sind von Eis bedeckt. Dazu dieses überwältigende Gefühl der Stille, das in Mitteleuropa niemand mehr kennt, nicht das leiseste Geräusch, nichts.

Nur im Sommer, von Mitte Juni bis Ende August, sind die arktischen Gewässer rund um den Archipel für Kreuzschiffe befahrbar, und nur dann ist die Temperatur für die Reisenden einigermaßen erträglich. Das Thermometer kann schon mal +5 °C erreichen. Dann aber offenbart die Natur ihre außergewöhnlichen Reize.

Treibeis im Billefjord

Spitzbergen

Passage des Ayerfjord

Der Wunsch, in der behaglichen, geborgenen Atmosphäre eines Kreuzfahrtschiffes die bizarre Natur an der Grenze zum ewigen Eis zu erleben, ist nicht neu. Bereits 1908 unternahmen deutsche Touristen auf Luxusdampfern Fahrten bis nach Spitzbergen.
Ihr Ziel war und ist die Westküste, die der Golfstrom weitgehend eisfrei hält.
Die Wikinger dagegen waren wohl schon vor 1000 Jahren dort. Danach geriet die »kalte Küste« lange in Vergessenheit, bis der Holländer William Barents die Inseln Ende des 16. Jahrhunderts erkundete, benannte und seinen Landsleuten die Koordinaten gab. Die Barentssee und der Ort Barentsburg, von russischen Bergleuten bewohnt, sind nach ihm benannt. Ihm folgten Walfänger und Pelztierjäger aus Russland und Skandinavien, die in einfachen Hütten überwinterten und Eisbären und Robben jagten. Ab 1900 wurde auf der Insel Kohle abgebaut. 1925 unterzeichneten 42 Staaten das so genannte Svalbard-Traktat, in dem Norwegen die Oberhoheit über die Inselgruppe übertragen wurde. Alle Unterzeichner hatten jedoch weiterhin die Möglichkeit, die Bodenschätze zu nutzen, wovon lediglich Norwegen und Russland Gebrauch machten. Im Zweiten Weltkrieg erlangte die Insel große strategische Bedeutung für die Sowjetunion als einziger eisfreier Hafen auf der Strecke nach Murmansk.

Heute hat die Insel zwar ein modernes Gesicht, doch ein bisschen fühlt man sich schon noch wie im Wilden Westen, wenn man die in ganz Spitzbergen anzutreffenden Eisbären-Warnschilder sieht: ein schwarzer Eisbär auf weißem Grund, inmitten eines rot gerahmten Dreiecks. Ein weißer Eisbär wäre nicht zu erkennen. Eisbären gibt es auf der Insel überall, insgesamt rund 3000, und es ist verboten, die Siedlungen unbewaffnet zu verlassen. Seit 1973 sind diese Tiere geschützt, daher nimmt ihre Zahl stetig zu. Und es ist nicht immer nur Neugier, die den *Ursus maritimus*, so sein wissenschaftlicher Name, anlockt. Er ist ein Jäger, der aufgerichtet bis zu drei Meter erreichen und bis zu 700 Kilo schwer werden kann, und bei einem Blitzangriff ist es zu spät für eine Flucht. Und dennoch gilt die strenge Regel: Das Tier verscheuchen, bevor geschossen werden darf.

Verwaltungszentrum der Insel ist Longyearbyen an der Westküste mit etwa 1000 Einwohnern, 1906 von dem Amerikaner John Munroe Longyear als Grubensiedlung gegründet.

1916 wurden das Bergwerk und die Siedlung von Norwegen übernommen. Aus dieser Zeit datieren die alten Förderbänder und die Kabel der Transportbahnen der verlassenen Minen, die das Panorama der Stadt prägen. Heute überrascht die Siedlung durch eine recht

Longyearbyen – eine alte Grubensiedlung ist in der Moderne angekommen.

Diese Schlittenhunde warten gespannt auf ihren Einsatz.

gute Infrastruktur: Sie verfügt über einen internationalen Flughafen, ein Universitätszentrum, eine Kirche, ein Krankenhaus und sogar einen Gouverneur. Die 2700 Einwohner der Insel sind Bergleute und Forscher, die weiter nördlich in Ny-Ålesund im größten Labor der Welt für Arktisforschung arbeiten.

Bis Ende der fünfziger Jahre des vorigen Jahrhunderts wurde hier Kohle abgebaut. Heute ist Ny-Ålesund ein internationales Forschungszentrum, in dem Meteorologen, Geologen, Biologen, Paläontologen und Chemiker aus aller Herren Länder arbeiten. Ihnen allen bietet die Flora und Fauna der 1,2 Milliarden Jahre alten Inseln genügend Material für jahrelange Forschungen.

Besondere Verkehrsmittel, besondere Warnschilder

Teilansicht der Bergwerkssiedlung Ny-Ålesund

Lediglich eine restaurierte Grubenlok mit Loren erinnert noch an die Zeit der Kohleförderung bei Ny-Ålesund.

Die Nordmeerreisenden haben damit jedoch nur am Rande zu tun, sie streben bei ihrem Landgang fast ausnahmslos dem touristischen Highlight der kleinen Siedlung zu, dem nördlichsten Postamt der Welt. Es ist ein Muss, von hier eine Postkarte zu senden, denn der Poststempel vom Ende der Welt lässt jede Postsendung zu einem äußerst begehrten Sammlerobjekt werden. Ein weiteres Highlight der nördlichsten Siedlung der Welt ist die 1909 in Berlin erbaute Ny-Ålesund-Bahn – ein Denkmal der Bergbaugeschichte.

Kleinere und größere Eisformationen, bestehend aus reinem Süßwasser, brechen das Licht in den unterschiedlichsten Farben.

Durch Eis und Inseln hindurch geht die Fahrt nun an der Westküste entlang. 50 Seemeilen weiter nördlich eröffnet sich ein spektakuläres Panorama: Am Ende des blau schimmernden Fjords erhebt sich der gewaltige Waggonway-Gletscher, von dessen Abbruchkante sich immer wieder laut grollend große Stücke lösen, die ins offene Meer treiben.

Ein Schauspiel von fast unwirklicher Schönheit, beleuchtet vom fahlen Schein der Mitternachtssonne, eine Komposition von verschiedenen Schattierungen von Blau vor granitgrauem Urgestein.

Über einen Anlegesteg gelangen die Nordmeerfahrer nun auf die Halbinsel Gravneset. In einem einsamen Blockhaus warten dort bereits Abgesandte des Gouverneurs von Spitzbergen, eine Art Umweltpolizei, die darauf achtet, dass niemand Gesteinsproben oder Pflanzen mitnimmt. Doch schützen sie nicht nur die Umwelt, sondern auch die Touristen, und verjagen Eisbären, die jederzeit plötzlich auftauchen können. Und da die Tage im goldenen Schein der Mitternachtssonne nicht enden wollen, werden in dieser arktischen Wildnis Picknickkörbe ausgepackt und eine Grillparty gefeiert. Ein Erlebnis, das keiner der Nordmeerfahrer jemals wieder vergessen wird.

Spitzbergen ist erreicht: Das Schiff läuft in langsamer Fahrt in den sieben Seemeilen langen Magdalenenfjord ein.

Ein Besuch der Magdalenenbucht Spitzbergens gehört, sofern das Eis es zulässt, zum festen Programm der MS DEUTSCHLAND.

Landgang in der Magdalenenbucht: Schon bald sind die Tenderboote ausgeschwungen und zu Wasser gelassen, um den Gästen einen hautnahen Eindruck dieser eisigen Region zu vermitteln.

Magdalenenbucht-Höhepunkt ist der Waggonway-Gletscher, der bis zu 50 Meter hoch in den Himmel ragt.

Im Zodiac oder Tenderboot geht es vorbei an den eisigen Kulissen dieser Gletscher Spitzbergens.

Der Magdalenenfjord auf Spitzbergen ist umgeben von einer felsigen Schnee- und Eisregion. Im Laufe von Jahrtausenden entstanden durch Schneeablagerungen und einem enormen Druck solche Gletscher.

Die flache, felsige Uferböschung wurde vor etwa 300 Jahren zur letzten Ruhestätte von Hunderten von Walfängern, die hier während der Walfangsaison ihr Leben ließen.

Sobald die DEUTSCHLAND in der Magdalenenbucht Station macht, herrscht an dem einst beschaulichen Ort der Ruhe vorübergehend ein reges Treiben.

Risse im Eis entstehen durch Spannungen infolge des Fließdrucks des Talgletschers sowie der Gezeitenbewegungen. Immer wieder brechen mehr oder weniger große Teile davon ab und treiben als schwimmende Eisgebilde hinaus auf die offene See. Diesen Vorgang bezeichnet man als Kalben des Gletschers.

Island

MS DEUTSCHLAND hat an der Pier von Akureyri festgemacht.

Vulkankrater Kerid

Island

Der erste Eindruck von Island ist nicht der eines »Eislands«, wie der Name sagt. Der vorherrschende Farbton ist Grün in allen Schattierungen: saftig grüne Weiden, mit intensiv grünem Moos bedeckte Hochplateaus, zartgrüne sanfte Berghänge, türkisgrünes Wasser an der Südküste. Die erdgeschichtlich mit ihren 15–20 Millionen Jahren relativ junge Insel bietet eine der spektakulärsten Landschaften Europas: Schneebedeckte Vulkane, sprudelnde Geysire, gewaltige weiße Gletscher, tosende Wasserfälle, schwarz-graue Lavawüsten, tiefe Schluchten und Fjorde, von der Eiszeit geformt, prägen die Insel.

Im Land von Feuer und Eis brodelt es unter der Erdkruste ganz gewaltig. Und immer wieder wird diese Kruste durchbrochen: Vulkane speien heiße Lava, die kochenden Wasserfontänen der Geysire schießen in die Höhe. 30 Vulkane sind immer noch aktiv und etwa alle zehn Jahre bricht einer von ihnen aus. Gräben und Spalten durchziehen das Land – die Sollbruchstelle zwischen den Kontinenten –, der mittelatlantische Rücken, der Europa und Amerika auseinandertreibt, verläuft mitten durch Island.

Þingvellir – Allmänner-Schlucht

Das Land von Feuer und Eis wird so immer wieder zur todbringenden Bedrohung für seine Bewohner. Weite Lavafelder hemmen die Vegetation vor allem im Süden. Bis heute formen Eis und Feuer, Wind und Meer die Landschaft. Das Leben ist hart auf dieser Insel am nördlichen Polarkreis und der lebensspendende Sommer reichlich kurz. Von Oktober bis Mai ist es fast 24 Stunden dunkel, im kurzen Sommer dagegen scheint fast 24 Stunden die Sonne. Doch ist das heiße Gold aus dem Schoß der Erde der Insel auch eine wichtige Naturressource: 90 Prozent aller Häuser werden mit Wasser aus den heißen Quellen beheizt, ihm haben die Isländer ihre Badekultur zu verdanken.

Selbst im letzten Winkel der Insel ziehen die Menschen in beheizten Freibädern ihre Bahnen, schwitzen im Dampfbad oder entspannen im Whirlpool. Islands Reichtum ist seine unerschöpfliche geothermische Energie, sein Fischreichtum und die grandiose unberührte Natur.

Fumarole am Tuffberg Namafjall ▶

So wie Feuer und Eis Gegensätze bedeuten, ist auch Islands Landschaft voller Kontraste: An die Küstengebiete mit Stränden und Steilküsten schließen sich Wiesen- und Weideflächen an, die wiederum in Tundren übergehen.

Friedlich grasen die berühmten Islandpferde auf saftigen Weiden.

Auf die Tundra folgt das Hochland, ein weites Ödland. Inmitten grauer Steinwüsten taucht plötzlich eine blühende Wiese auf, durch die ein kleiner Bach fließt. Die blauen Oasen der heißen Quellen liegen inmitten karger Lavawüsten. Wasser ist omnipräsent auf Island: Hunderte von Wasserfällen durchziehen die Insel.

Das mit seinen 320.000 Einwohnern am dünnsten besiedelte Land Europas kann auf eine mehr als tausendjährige Geschichte zurückblicken, in der sich seine Sprache aufgrund der isolierten Lage kaum verändert hat. So können die heutigen Isländer problemlos die berühmten Island-Sagas lesen, die im 12. und 13. Jahrhundert verfasst wurden. Die populären Geschichten, die jedes Schulkind kennt, schildern den Alltag, die Konflikte zwischen Bauern, die Fehden der Sippen. Es geht um Liebe, Rache und Ehre. In vielen Sagas spielen die Frauen eine zentrale Rolle, Tod und Verderben bringende Gestalten, die sich für erlittenes Unrecht bitter rächen.

Dramatische Szenerie am Gullfoss-Wasserfall

Einlaufen in die Bucht von Reykjavík

Steilküste entlang der Bucht von Reykjavík

Die nördlichste Hauptstadt der Welt, Reykjavík, hat ihren Namen von den Wikingern bekommen. Bei ihrer Ankunft auf der Insel um das Jahr 1000 waren sie von den dampfenden heißen Quellen und den rauchenden Vulkanen derart beeindruckt, dass sie dieser Region den Namen Reykjavík, »Rauchende Bucht«, gaben. In der Folge expandierte der Ort an der Westküste aufgrund seines günstigen Hafenplatzes zu einem wichtigen Handelsplatz. Im 18. Jahrhundert wurde der Bischofssitz und im 19. Jahrhundert das Althing, das isländische Parlament, hierher verlegt. Einen urbanen Charakter bekam Reykavík jedoch erst, als die englischen und amerikanischen Besatzer ab 1940 die Infrastruktur des Landes ausbauten.

Wikingerdenkmal in Reykjavík

Heute ist Reykjavík mit seinen rund 118.000 Einwohnern eine lebendige, kosmopolitische Stadt mit einem regen Nachtleben und breitem Kulturangebot. Es ist Sitz einer Universität, bedeutender High-Tech-Standort und wichtiger Umschlagplatz für Fisch und Fischereiprodukte. Neue Galerien, Cafés, Designerläden, Restaurants, Konzertclubs sind in den letzten Jahren wie Pilze aus dem Boden geschossen. Sie dominieren das Zentrum, das nach seiner Postleitzahl auch Reykjavík 101 genannt wird.

Reykjavíks Frikirkja

Das neue Rathaus von Reykjavík am Tjörninufer

Reykjavík Kneipenviertel Bankastraße

Doch so schön der Kopf der Insel ist, so schön ist auch ihr Körper: Die Fahrt von Reykjavík nach Hveragerði führt durch eine faszinierende Lavalandschaft. Die geschützte Lage in einem idyllischen Tal und die heißen Quellen – Hveragerði bedeutet »Mauer der warmen Quellen« – haben dazu beigetragen, dass Hveragerði heute die Gartenstadt Islands ist. In den Gewächshäusern wachsen am Polarkreis Weintrauben, Bananen und exotische Blumen.

Durch grüne Wiesenlandschaft geht es weiter zum Gulfoss. Der »Goldene Wasserfall« gehört unbestritten zu den schönsten Wasserfällen Islands. Hier fällt das milchige Gletscherwasser der Hvítá zunächst in großen Flächen über einen mit Moos bedeckten Steilhang und stürzt dann aus einer Höhe von 37 Metern in eine wilde Schlucht zwischen senkrechte Basaltwände.

Der gewaltige Gulfoss-Wasserfall

Island

Regenbogen über dem See Þingvallavatn

Vom Stóri-Geysir, dem »Großen Geysir« im Tal Haukadalur, dessen Alter auf 10.000 Jahre geschätzt wird, haben alle anderen Springquellen ihren Namen. Er ist zwar seit längerer Zeit nicht mehr aktiv, sein Nachbar Strokkur dafür umso mehr: Eine mächtige Fontäne kochenden Wassers wird in exakten Zeitabständen bis über 30 Meter hoch geschleudert. Außer den Springquellen befinden sich noch viele kleinere Quellen in diesem Geothermalgebiet, deren Farben vom irisierenden Türkisblau bis zum leuchtenden Rot reichen.

Spektakulär: der Geysir Strokkur in Aktion.

Þingvellir – Althing, Gründungsplatz der Nationalversammlung

Bei keinem Landausflug wird der historisch bedeutende Ort Þingvellir am See Þingvallavatn ausgelassen. Hier wurde im Jahr 930 zum ersten Mal das Althing, eine Versammlung von Recht sprechenden Freibauern, abgehalten und der erste isländische Freistaat verkündet. Der Thingplatz gilt daher als ältester parlamentarischer Versammlungsplatz Europas. Von da an fand das Althing jeden Sommer an diesem Ort statt. Þingvellir war verkehrsgünstig gelegen, es gab saftige Wiesen und reichlich Wasser für die Pferde. Händler, Handwerker und Bauern aus dem ganzen Land kamen zu diesem Großereignis, zeitweise hielten sich bis zu 5000 Menschen in Þingvellir auf. Hier wurde Recht formuliert, ausgelegt und gesprochen. Aber auch die das gesellige Leben kam nicht zu kurz: Ringkämpfe wurden ausgetragen, Neuigkeiten ausgetauscht, Bier getrunken, Geschäfte und Ehen angebahnt. Am 17. Juni 1944 wurde an diesem historischen Ort die Republik Island ausgerufen.

Bis dahin war es jedoch ein weiter Weg: Im Jahr 1000 wird das Christentum eingeführt, das Land erlebt eine erste kulturelle Blüte. 1262 gerät Island unter norwegische Herrschaft, im Jahr 1380 fallen Island und Norwegen an die dänische Krone. Dänische Kaufleute erhalten in der Folge das Handelsmonopol und beuten die Insel gnadenlos aus. Die Reformation erreicht die Insel zwischen 1540 und 1550. Naturkatastrophen und Hungersnöte führen zu einem wirtschaftlichen Niedergang. Im 19. Jahrhundert verbessert sich die Lage wieder, 1911 wird die Universität Island gegründet und 1918 erlangt das Land die Souveränität unter dänischer Flagge. Im Zweiten Weltkrieg besetzen britische Truppen Island und bauen die Infrastruktur des Landes erheblich aus. 1944 beschließt Island die Aufhebung des Unionsvertrags mit Dänemark, und am Þingvellir wird die Republik Island ausgerufen. Island wird Mitglied der Vereinten Nationen und der NATO.

Baden in der berühmten »Blauen Lagune«

Entspannung nach so vielen Eindrücken bietet ein Bad in Islands berühmtester heißer Quelle, der »Blauen Lagune«.

Zwar handelt es sich hierbei um den Abwassersalzsee eines geothermischen Kraftwerks, doch ist dies sofort vergessen, wenn man es sich im konstant 38 °C heißen und milchig-blauen Wasser gut gehen lässt. Die heilende Wirkung des Wassers bei Hauterkrankungen ist zudem wissenschaftlich bewiesen.
Das Baden in heißen Quellen hat in Island eine lange Tradition: Bereits die ersten Taufzeremonien nach der Einführung des Christentums im Jahr 1000 fanden im angenehm temperierten Laugarvatn-See statt. Entspannt geht die Fahrt weiter in das Fischerdörfchen Grindavík mit seinem malerischen Hafen und durch die vulkanisch geprägte Mondlandschaft zu den Solfataren in Krisuvik, heißen sulfathaltigen Schlammquellen und zischenden Dampffontänen.

Auf Kurs entlang der Nordküste – MS DEUTSCHLAND im Eyiafjord

Die ganze Nacht und den folgenden Vormittag hält das Kreuzfahrtschiff dann Kurs entlang der Nordküste Islands. Zahllose kleine Fjorde, auf deren Landzungen sich Tafelberge erheben, stetig ansteigende Gebirgszüge, kleine Orte oder einzelne Gehöfte, Farbtupfer inmitten der kargen Vegetation, gleiten vorbei.

Akureyri, die zweitgrößte Stadt der Insel, ist die heimliche Hauptstadt des Nordens. Eine imposante Gebirgskulisse begünstigt das Klima im geschützten Hafen. Die malerisch gelegene Stadt wirkt mit ihrer Blütenpracht und dem vielen Grün fast mediterran. Alte Villen mit ihren üppigen Gärten und bunte Holzhäuser aus dem 19. Jahrhundert verleihen ihr ein ganz besonderes Flair. Die alte Handelsstadt wurde bereits im neunten Jahrhundert besiedelt, Wollverarbeitung und Schiffbau gaben ihr enormen Auftrieb. Akureyri ist heute nicht nur ein bedeutender Wirtschaftsstandort, sondern auch das kulturelle Zentrum des Nordens.

Es gibt eine Universität, ein Kunstmuseum, ein Theater, einen botanischen Garten mit idyllischer Blumenwiese und altem Baumbestand, ein Heimatmuseum und ein paar Häuser bedeutender Autoren, die sich hier niedergelassen haben. Das 1927 hier eröffnete Krankenhaus war das erste große Gebäude in Island, das mit Wasser aus den heißen Quellen beheizt wurde.

Bereit zum Landgang in Akureyri – MS DEUTSCHLAND hat an der Hafenpier festgemacht.

Godafoss – der mächtige Wasserfall der Götter

Von Akureyri geht es vorbei an Vaglaskógur, einem von Islands drei Wäldern, zum »Wasserfall der Götter«, dem mächtigen Godafoss. Er erhielt seinen Beinamen im Jahr 1000, als der Gode der Region nach der beschlossenen Übernahme des Christentums als Staatsreligion seine alten Götterstatuen in die tosenden Kaskaden warf. Die Fahrt geht weiter zum Mývatn-See, dem »Mückensee«, der für seine Naturschönheit, seine bizarren vulkanischen Formationen und seinen Vogelreichtum bekannt ist und in einem der aktivsten vulkanischen Gebiete der Insel liegt.

Ausblick beim Mývatn-See

Blick auf Skútustaðir mit seinen vulkanischen Formationen und Pseudokrater

Námafjall – überall blubbert und zischt es aus den Fumarolen und Erdspalten.

Im Solfatarenfeld Hverarønd am Fuße des pastellfarbenen Tuffbergs Námafjall fühlt man sich zwischen den brodelnden heißen Schlammtöpfen, den gelben Schwefelquellen, den laut zischenden Fumarolen und den ungewöhnlichen Bodenfärbungen wie in einer gänzlich fremden Welt. Hier wurde durch die Jahrhunderte Schwefel abgebaut, den man auf dem europäischen Kontinent zur Schießpulverproduktion verwendete.

Dimmuborgir – die »düsteren Burgen«

Wie eine vulkanisch geprägte Mondlandschaft wirken die bizarren Lavaformationen von Dimmuborgir, die »düsteren Burgen«. Vor etwa 2000 Jahren traf hier austretende Lava auf durchfeuchteten Erdboden. Durch das verdampfende Wasser, das in Schloten und Röhren aufstieg, entstanden die riesigen Lavagebilde. Ein geheimnisvolles verwunschenes Tal, von Pflanzen überwuchert. Island ist ein Zauberland – in jeder Hinsicht.

Auch für das Kreuzfahrtpublikum werden die Augenblicke auf dem »verwunschen« Eiland zu unvergesslichen Momenten.

Zarte Pflänzchen der Lava entsprossen als Farbtupfer in der scheinbaren Einöde.

DEUTSCHLAND

Grönland

Kreuzen zwischen den gigantischen Eisbergen in der Diskobucht – absoluter Höhepunkt der Grönland-Kreuzfahrt

Grönland

Die größte Insel der Welt hat 50-mal so viel Fläche wie ihr Mutterland Dänemark, es gibt kaum Menschen, dafür jede Menge Leere und Einsamkeit. »Ultima Thule« – das Land im äußersten Norden – ist eine Insel der Superlative. Der Reisende findet im »Land der Menschen« – so die Übersetzung des grönländischen Landesnamens »Kalaalit Nunaat« – Natur pur, riesige Eisberge, gewaltige Gletscher, spiegelklare Fjorde, die ältesten Berge der Welt, raues Urgestein aus Granit, über 3000 Meter hoch, blühende Wiesen im Sommer, sanfte grüne Weideflächen, heiße Quellen und zahllose Tiere. Rund 81 Prozent der Fläche Grönlands sind mit Eis bedeckt, das teilweise eine Dicke von über 3000 Metern erreicht. Die weißen Flächen auf der Landkarte entsprechen weißen Flächen in der Realität, fünfmal so groß wie Deutschland.

Die eisfreie Fläche entspricht dagegen der Fläche Deutschlands. Das grönländische Inlandeis, das das ganze Landesinnere überzieht, bringt die enormen Gletscher hervor, die durch die Schwerkraft langsam zu den Eisfjorden an der Küste gepresst werden.

Treibeis im Quoroq-Fjord

Stundenlang kann man dort die imposanten, zerklüfteten, in den verschiedensten Blautönen schimmernden Eiswände der Gletscher bestaunen, von deren Kante ständig große und kleine Brocken abbrechen: Der Gletscher kalbt. Ein Phänomen, das zu den größten Naturschauspielen Grönlands zählt. Je mächtiger das Eis, desto undurchlässiger ist es für den langwelligen Anteil des Farbspektrums, also besonders für warme Rottöne; kürzere Wellenlängen dringen dagegen leichter durch und sorgen für die intensive Blaufärbung der Eisspalten. Die abgebrochenen Stücke des Gletschers treiben als schwimmender Eisberg ins offene Meer. Es sind wahre Kolosse: Große Eisberge wiegen über eine Million Tonnen, die meisten haben jedoch ein Gewicht von 200.000 bis 300.000 Tonnen.

Überall an der Küste sichten die Reisenden diese haushohen Kolosse, die die bizarrsten Formen aufweisen – der Fantasie sind keine Grenzen gesetzt. Manche erinnern an die Oper von Sydney, manche an das Märchenschloss Neuschwanstein, wieder andere an Stadttore oder zinnenbewehrte Burgmauern. Den größten Zauber haben die Eisgiganten im goldenen Schein der Mitternachtssonne, daher ist eine Kreuzfahrt um diese Zeit ein ganz besonderes Erlebnis. Doch so überirdisch schön diese schwimmenden Eispaläste sind, so gefährlich sind sie auch: Manch einem Schiff wurden die Eisberge – von denen nur 10 Prozent ihres Gesamtumfangs über der Wasseroberfläche zu sehen sind – zum Verhängnis. Es war vermutlich ein Eisberg aus Westgrönland, der die Titanic im Jahr 1912 auf ihrer Jungfernfahrt zum Kentern brachte. Dieses Schicksal bleibt heutigen Kreuzfahrern dank moderner Technik und erfahrenen Kapitänen jedoch erspart.

Gigantische Eisberge in der Diskobucht

Grönland

Doch besteht das Land der Inuit nicht nur aus Eis und Schnee. Der Norden der Insel ist zwar einsam und eisig, es gibt nur sehr wenige kleine Siedlungen entlang der Küste, im Inland lagert der Eispanzer. Gletscherzungen schieben sich bis ans Meer vor, die Vegetation ist karg und baumlos. Es ist das Land der Robbenjäger. Im milden Süden der Insel jedoch mit seiner üppigen Vegetation gibt es kleine Wälder mit bis zu sieben Meter hohen Bäumen, sowie 50 Schaffarmen mit 50.000 Schafen, die auf grünen Weiden grasen. Im Sommer blühen auf den Wiesen gelbe Butterblumen, weißes Wollgras, gelbweiße Margeriten und pinkfarbene Weidenröschen, vor dem Hintergrund der bunt gestrichenen Holzhäuser und des eisblauen Wassers der Fjorde ein äußerst pittoresker Anblick.

Hier landeten vor über 1000 Jahren die isländischen Siedler. Im Jahr 985 erreichte Erik der Rote mit 14 Schiffen mit 300 bis 400 Menschen an Bord die grönländische Küste. Im Süden und an der Westküste im Gebiet der heutigen Hauptstadt Nuuk entstanden zwei Siedlungsgebiete. Man schätzt, dass um 1300 4500 isländische Siedler auf der Insel lebten. Erik der Rote taufte seine neue Heimat Grönland, das »grüne Land«, was angesichts des weitestgehend von Eis bedeckten Landes überraschend wirkt.

Im Zeichen der Wollgrasblüte – Sommer in Sisimiut

Exponate im Nationalmuseum Grönlands in Nuuk

SALTET

Kontaktfreudige Inuit-Mädchen haben für die Kreuzfahrer ein Lächeln parat.

Doch die Nordmänner waren die ersten Klimagewinner. Sie fanden durchaus akzeptable Bedingungen für die Landwirtschaft vor, da die Klimaverhältnisse im zehnten Jahrhundert wesentlich besser waren als heute. Von ihren neuen Siedlungen aus betrieben die Grönländer, wie sie sich selbst nannten, regen Handel mit Europa. Sie lieferten Seehund-, Fuchs- und Rentierfelle, Elfenbein von Walen, Butter, Käse und Stoff. Im Gegenzug erhielten sie Salz, Honig, Eisen, Waffen und Werkzeuge. Dass diese Warmzeit nur wenige Jahrhunderte dauern sollte, konnten die Siedler nicht ahnen. Bereits um das Jahr 1300 setzte die so genannte »Kleine Eiszeit« ein, die deutlich niedrigere Temperaturen und Unmengen von Schnee mit sich brachte. Nach zahlreichen Missernten emigrierten viele Siedler nach Island und Amerika. Als der Seefahrer Jón Grönländer die Insel um 1500 erreichte, fand er nur noch einen toten Nordmann vor. Zeichen von Lebenden waren nicht mehr vorhanden. Was von den isländischen Siedlern blieb, sind zahlreiche Spuren der Landwirtschaft, Inschriften in Runen, einige Ruinen sowie eine Replik der Siedlung Eriks des Roten, Brattahild, mit Höfen, Kirche und Stallungen.

Die Isländer fanden jedoch kein leeres Land vor. Die Inuit, was übersetzt »Menschen« bedeutet, kamen vor rund 4500 Jahren von Kanada ins Land.

Das Leben der Inuit war bestimmt von der Jagd auf Robben und Wale, denn sie lieferten alles, was sie zum Leben brauchten: Fleisch, Fett, Knochen und Felle. Der Eisbär dagegen wird von jeher verehrt, in ihm lebt nach dem Glauben der Inuit die Seele eines verstor-

Stolzer Inuit-Vater mit seinem kleinen Sohn

Fischmarkt in Nuuk

benen Jägers weiter. Als im zehnten Jahrhundert die isländischen Siedler kamen, hatten die Inuit nachweislich Kontakt mit ihnen.

Ihr traditionelles Leben als Jäger wurde durch den Kontakt mit den Europäern jedoch nicht beeinflusst, auch dann nicht, als Grönland im 18. Jahrhundert eine Kolonie Dänemarks wurde. Die Dänen errichteten zahlreiche Handelsstationen und betrieben die Missionierung zum Protestantismus. Dennoch lebten die Inuit weiterhin als Jäger in ihren Zelten. Dies änderte sich erst grundlegend im Jahr 1953, als Grönland Teil Dänemarks wurde. Das Mutterland war nun gezwungen, für eine Angleichung der Lebensverhältnisse zu sorgen, Häfen wurden ausgebaut, Schulen und Krankenhäuser errichtet, gleichzeitig aber auch eine rigorose Zentralisierungspolitik eingeleitet. Die Inuit mussten ihre kleinen Siedlungen verlassen und in gesichtslose Wohnblocks in trostlose größere Orten ziehen. Die kleinen Siedlungen verödeten, die Großfamilien verschwanden und viele Inuit waren nun nicht mehr Jäger, sondern arbeiteten nach der Stechuhr in einer Fischfabrik. Zwei Welten stießen aufeinander, das soziale Gefüge geriet ins Wanken: Ein angesehener Jäger war nun Hilfsarbeiter in einer Fischfabrik. Alkoholismus und Gewalt waren die Folgen.

Nach 1979, als Grönland den Status eines eigenen Staates, einer parlamentarischen Demokratie, im Königreich Dänemark erhielt, änderte sich einiges. Die Insel erhielt das Nutzungsrecht an ihren Bodenschätzen, Gold, Öl, Diamanten, Kohle und Kupfer, Grönländisch wurde Landessprache, die alten Traditionen der Inuit wurden wiederbelebt. Verstärkt versucht man, Investoren für die Förderung der Rohstoffe zu gewinnen, denn nur dadurch kann Grönland vom »Block Grant« unabhängig werden, der massiven finanziellen Unterstützung durch den dänischen Staat für die 56.000 Einwohner.

Grönlands Nationalflaggen wehen in Qaqortoq im Wind.

Auf Reede vor Qaqortoq – MS DEUTSCHLAND »umweht« von der Nationalflagge Grönlands.

Heute leben nur noch 2000 Jäger auf der Insel, die ihren Lebensunterhalt ausschließlich durch die Jagd bestreiten. Auf dem Meereis jagen sie mit ihren Hundeschlitten Wale, Robben, Walrosse und Eisbären. Doch durch die Klimaerwärmung friert das Eis immer später zu und ist oft nicht mehr dick genug, um die Hundeschlitten zu tragen. Viele Jäger verloren dadurch ihre Lebensgrundlage. Eine neue Perspektive für die Grönländer bietet der Tourismus. Viele Jäger arbeiten heute als Touristenführer.

Da es keine Straßen zwischen den Siedlungen gibt, sondern nur Wasserwege und unendliche Eiswüsten, blieb Grönland als Reiseziel lange den Aktivurlaubern vorbehalten, die die Insel im Sommer mit dem Kajak oder auf Wanderungen erkundeten, im Winter auf Skiern oder mit dem Hundeschlitten. Dabei stand das Outdoor-Erlebnis im Vordergrund, die Inuit und ihre Kultur blieben weitgehend unbeachtet. Dies änderte sich erst mit der Zunahme des Kreuzfahrttourismus – die ideale Art für weniger sportliche, dafür aber um so mehr kulturell Interessierte, Land und Leute zu entdecken. Während die ständig wechselnden Landschaftsbilder der arktischen Wildnis vorbeigleiten, lässt man sich an Deck verwöhnen.

Bilder aus der wechselvollen Vergangenheit der Inuit im Nationalmueum in Nuuk

Quoroq–Fjordpassage

»Umsteigen« vom Kreuzfahrtschiff in den Ausflugskutter

Jeden Tag steht eine andere Besichtigung auf dem Programm, das Anlanden mit den Tenderbooten ist organisiert und an Land übernehmen erfahrene lokale Reiseführer.

Die unmittelbaren Kontakte mit der Bevölkerung steht im Vordergrund, um interessante Einblicke in das Leben der Grönländer zu bieten. So werden Grönländer für Chorvorführungen an Bord geholt oder aber es wird an Land zum Trommeltanz eingeladen, dem traditionellen Tanz der Inuit.

Ziel der Kreuzfahrten ist meistens die Westküste, deren Klima durch den Golfstrom gemildert wird. Zehn langen Wintermonaten folgen kurze intensive Sommer, oft mit mehr Sonnenstunden als in Südeuropa. Die West- und Südküste und alle ihr vorgelagerten Inseln sind eisfrei.

Kreuzen durch den Prinz-Christian-Sund

Sammek-Gletscher im Prinz-Christian-Sund

Der erste Kontakt mit Grönländern findet bei der Landung in Prinz-Christian-Sund statt, als eine Gruppe von Grönländern an Bord geholt wird und einheimische Gesänge vorträgt. Die Freude dieser Menschen und die Exotik der folkloristischen Lieder bleiben unvergessen.

Ein Inuit-Chor singt ein Ständchen im Kaisersaal des Traumschiffs.

Mit fast 3000 Einwohnern ist Qaqortoq der größte Ort in Südgrönland.

Die Kolonialkirche von Qaqortoq

Von hier aus geht es weiter nach Qaqortoq, mit seinen 3200 Einwohnern nicht nur der größte, sondern auch der schönste Ort ganz Südgrönlands, wenn nicht gar Grönlands.

Der Name »Qaqortoq« bedeutet »Die Weiße« und ist auf die zahlreichen Eisberge in der Bucht zurückzuführen, die malerisch anzusehen sind, aber auch oft die Einfahrt in den geschützten Naturhafen blockieren. Bunte Holzhäuser ziehen sich in aufgelockerter Bauweise einen grünen Hang hinauf, im Hafen liegen alte Fischerboote. Der wichtigste Wirtschaftszweig des 1775 von einem norwegischen Kaufmann als Handelsplatz gegründeten Städtchens ist die Fischerei. Im Zentrum des alten Qaqortoq befinden sich der älteste Springbrunnen Grönlands sowie einige interessante Gebäude aus der Kolonialzeit, wie etwa die schwarz geteerte alte Schmiede und das gelbe Fachwerkhaus, eine Böttcherwerkstatt. Im Museum, einem dunklen Gebäude aus dem Jahr 1871, in dem bereits Charles Lindbergh mit seiner Frau übernachtete, erfährt man viel über die Geschichte der Inuit. Sehenswert ist das Projekt »Stein und Mensch«, ein Stadtspaziergang anhand von 30 Skulpturen skandinavischer und grönländischer Künstler, die sowohl in der Altstadt als auch in der Neustadt verteilt sind.

Altarraum der Kolonialkirche von Qaqortoq

DEUTSCHLAND
NEUSTADT IN HOLSTEIN

DEUTSCHLAND

DEUTSCHLAND
DEUTSCHLAND

DEUTSCHLAND

Während einer großartigen Zodiac-Tour von Qaqortoq nach Narsarsuaq durch die Fjordlandschaft erlebt der Kreuzfahrer fantastische Landschaftsimpressionen. Das Traumschiff MS DEUTSCHLAND bleibt dabei stets in Sichtweite.

Narsarsuaq im mittsommerlichen Abendlicht

Narsarsuaq bedeutet übersetzt »große Ebene«, somit war es in einem gebirgigen Land wie Grönland mit nur wenigen flachen Abschnitten klar, dass Grönlands zweitgrößter internationaler Flughafen nur hier sein konnte. Narsarsuaq ist das Tor zum Süden. Gegründet wurde es von den Amerikanern, die 1941 hier einen wichtigen Stützpunkt während des Zweiten Weltkriegs einrichteten. Bis zu 4000 Mann waren hier stationiert. Es gibt hier – wenn auch kein Ortszentrum – eine Jugendherberge, Flughafen, Hotel, Hafen, eine Schule, Geschäfte und Cafés. Im Museum des Blue Ice Café im ehemaligen Headquarter der Amerikaner kann man die Geschichte der Air Base studieren, erfährt aber auch viel Wissenswertes über die Geschichte und das Leben in Südgrönland, die Schafzucht und die ehemaligen Siedlungen der isländischen Siedler. Narsarsuaq ist auch ein idealer Ausgangspunkt für Wanderungen, die unvergessliche Naturerlebnisse, Erholung und Einblicke in die regionale Flora bieten. Im Sommer blüht das von Zwergbirken bewachsene Tal und über den Bergwäldern kreisen oft Seeadler und Raben.

Nicht den ersten, aber einen der spektakulärsten Kontakte mit den riesigen Eisbergen bekommt der Reisende bei einer Bootsfahrt durch den Quoroq-Fjord einige Seemeilen die Westküste hinauf. Aus nächster Nähe kann man hier die Naturschönheiten der Eisberge bestaunen. Eisberge sind wundervolle Skulpturen, deren Erhabenheit sich in Bildern kaum darstellen lässt. Sie bestehen aus fest verdichtetem Schnee, der in Zeiten, die bis zu 15.000 Jahre zurückliegen, auf das grönländische Inlandeis gefallen ist. Eis verändert und bewegt sich ständig, Gletscher kalben. Dadurch entstehen jährlich Tausende von Eisbergen. Die größten

Von Narsarsuaq aus beginnt die faszinierende und atemberaubende Bootstour zu den Eisbergen im Quoroq-Fjord.

Eisberge ragen in einer Höhe aus dem Wasser, die der eines 15-stöckigen Hochhauses entspricht, während die kleinsten gerade die Größe einer Hütte erreichen.

Eisberge weisen höchst unterschiedliche Formen auf, zuweilen bilden sie sogar große Bögen, die zum Durchfahren verlocken.

»Aus dem Hören auf die Stille wachsen leise Freiheitsträume.«

Entlang der Westküste liegt auch das politische, kulturelle und wirtschaftliche Zentrum des Landes mit der Hauptstadt Nuuk, was übersetzt »Landzunge« bedeutet. Die mit rund 16.000 Einwohnern kleinste Hauptstadt der Welt, jedoch größte Stadt der Arktis, liegt am Rande einer großen Halbinsel an der Mündung des Nuuk-Fjords, vor der Kulisse schneebedeckter Gipfel, die sich bis zum Inlandeis erstrecken. Geologisch gehört das Gebiet zu den ältesten der Erde und auch seine Besiedelung hat eine lange Geschichte. Bereits um 2400 v. Chr. wanderten die ersten Siedler aus Nordamerika ein. So reizvoll die Umgebung der Stadt ist, so trostlos wirkt ihr Wahrzeichen, gesichtslose weiße Wohnblocks, die in den 1960er Jahren im Rahmen einer verfehlten Kolonialpolitik errichtet wurden.

In der heutigen Zeit erfolgt ein Umdenken und die eintönigen Wohnblocks werden nach und nach durch kleinere Wohneinheiten ersetzt. Nach Dubai ist Nuuk wohl die Stadt mit den meisten Baustellen auf diesem Globus. Und es gibt auch malerische Stadtteile, so etwa das alte Kolonialviertel um den alten Hafen mit seinen farbenfroh gestrichenen Holzhäusern und den blühenden Gärten.

Panorama von Nuuk mit der Erlöser-Kirche.

MS DEUTSCHLAND auf Reede vor Nuuk, im Vordergrund das Krankenhaus

Nuuk verfügt über alle Einrichtungen einer Hauptstadt, es gibt eine Universität, ein Krankenhaus, das Kulturzentrum Katuaq, Stadtbusse, Cafés und Boutiquen, und das alles inmitten einer faszinierenden Natur: im großartigen Fjordsystem tummeln sich zahlreiche Meeresbewohner, im Sommer ziehen Robben und Wale vorbei, stecken Buckelwale die Köpfe aus dem Wasser, entlang des Küstensaums sind bisweilen Rentierherden anzutreffen.

Das Weihnachtspostamt mit dem größten Postkasten der Welt

Ein Kind der Mumien von Qilakitsoq im Nationalmuseum

Einen Thrill der besonderen Art vermittelt das Nationalmuseum mit seinem größten Schatz, den Mumien von Qilakitsoq. 500 Jahre lang lagen die acht Mumien, sechs Frauen und zwei Kinder, in einer Felsengrotte nahe der ehemaligen Siedlung Qilaktisoq, bevor sie 1972 zufällig entdeckt wurden. Die niedrige Temperatur, geringe Luftfeuchtigkeit und gute Durchlüftung der Grotte ermöglichten eine natürliche Mumifizierung. Gestorben waren die Thule-Inuit, denn zu dieser Kultur gehörten sie wohl, um 1475. Vier der acht Mumien sind hinter einer Glasscheibe ausgestellt: eine 50-jährige, eine 20- bis 30-jährige und eine über 30-jährige Frau sowie ein sechs Monate altes Kind. Der Anblick des kleinen Kinderkörpers, der zunächst für eine Puppe gehalten wurde, geht einem besonders nahe. Man vermutet, dass das Baby mit seiner toten Mutter lebendig begraben oder erstickt worden war, da sich niemand fand, der sich um es gekümmert hätte. Die drei Frauen, darunter die Mutter des Babys, starben eines natürlichen Todes. Die Mumien sind komplett bekleidet, sie tragen eine Unterkleidung aus Vogelhaut und eine Überkleidung aus Robbenfell. Für die Wissenschaft sind sie von besonderem Interesse, da sie hervorragende Rückschlüsse auf die Lebensumstände der Thule-Inuit vor 500 Jahren erlauben.

Auch ein Bootsausflug durch das herrliche Eismeer von Nuuk aus durch das vorgelagerte Inselreich zählt mit zu den bleibenden Erinnerungen an eine Grönlandkreuzfahrt.

Grönland

Ein weiterer beliebter Anlegehafen für Kreuzfahrtschiffe ist Sisimiut, was so viel wie »die Siedlung an den Fuchslöchern« bedeutet. Es ist mit seinen rund 5400 Einwohnern nach Nuuk die zweitgrößte Stadt Grönlands.

Die immerhin 100 Kilometer nördlich des Polarkreises gelegene Stadt, die bereits vor 4500 Jahren besiedelt wurde, ist die nördlichste Stadt mit ganzjährig eisfreiem Hafen und die südlichste mit Hundeschlittenverkehr. Moderne und Tradition treffen sich hier: In der Altstadt Holzgebäude aus der Kolonialzeit, die blaue Berthel-Kirche aus dem Jahr 1775 mit dem markanten Bogen aus Walkiefern, in der Neustadt Geschäfte, Restaurants und Internetcafés mit vielen jungen Leuten, die an den hier angesiedelten Hochschulen studieren. An der stadtauswärts gelegenen Knud-Rasmussen-Hochschule wird in Inukitut, einem Idiom der Eskimo-Aleutischen Sprachen, unterrichtet. Auf

Sisimiut – die Garnelen- und Krabbenfabrik am Hafen

Panoramablick über Sisimiut

den Straßen wird Streethockey gespielt. Die moderne Garnelen- und Krabbenfabrik am Hafen unterstreicht die Bedeutung der Fischerei. Hier werden jährlich mehr als 10.000 Tonnen Grönlandkrabben verarbeitet und tiefgefroren.

Wahrzeichen der Stadt ist ein 784 Meter hoher Felsen, der Nasaasaaq. Der etwas mühsame Aufstieg wird mit einer atemberaubenden Aussicht über Stadt, Meer, Berge und die verlassenen Siedlungen Assaqutaq und Sarfannguaq belohnt.

Ilulissat – MS DEUTSCHLAND auf Rede im Kangia-Eisfjord, die Aussicht ist atemberaubend.

Schlittenhunde in Ilulissat genießen ihre »sommerliche« Freizeit.

Spektakulärer Höhepunkt jeder Grönlandkreuzfahrt ist jedoch der Eisfjord Kangia bei Ilulissat in der Diskobucht, und das nicht erst seit 2007, als sich die Politiker der Welt dorthin aufmachten, um anhand der Gletscherschmelze auf die Folgen des Klimawandels aufmerksam zu machen.

Die mit ihren 4500 Einwohnern drittgrößte Stadt Grönlands, in der der Polarforscher Knud Rasmussen lebte, hat einiges zu bieten, 2500 Schlittenhunde, einen Flughafen, sowie Hotels, Restaurants, einen Supermarkt und große Geschäfte, doch die ständig wachsende Zahl von Touristen kommt hierher, um die Eisberge zu sehen.

»Bewusst erleben, erfahren und genießen können, ist eine Gabe von unschätzbarem Wert.« Mit dieser Lebensphilosophie des Bildautors Christian Prager entführen wir sie in die fantastische Eiswelt. Lassen Sie sich von den schwimmenden Eiskolossen und Lichtstimmungen beeindrucken.

Stündlich schiebt sich der produktivste Gletscher der nördlichen Hemisphäre, der Sermeq Kujalleq, rund einen Meter nach Westen. Dabei brechen riesige Eisberge ab, die mehrere Kilometer lang und bis zu 1000 Meter hoch sein können. Sie ragen bis zu 150 Metern aus dem Wasser. Dicht an dicht treiben sie im Eisfjord, der an der Mündung zur Diskobucht nur 200 Meter tief ist und dadurch einen Rückstau der Eisberge bewirkt. Nur kleinere Eisberge treiben ins offene Meer, doch selbst diese sind noch so groß, dass sie auf ihrer Reise entlang der kanadischen und US-amerikanischen Küste erst auf der Höhe von New York endgültig schmelzen.

Eine Fahrt mit dem Kreuzfahrtschiff innerhalb des Fjords erfordert enormes Geschick des Kapitäns und gehört zu den faszinierendsten Naturerlebnissen eines Grönlandbesuchs. Dicht an dicht liegen die gigantischen Eisberge mit ihren bizarren Formen, zwischen denen sich das Schiff mit äußerster Vorsicht hindurch manövriert. Die Reisenden fühlen die Kälte der blau schimmernden Eisriesen aus der Nähe, genießen das intensive Farbenspiel, die klare Luft und die Stille, die nur vom fernen Grollen des Gletschers und dem Schrei eines Eisturmvogels unterbrochen wird.

DEUTSCHLAND

DEUTSCHLAND

LK 801

Orkney- und Shetland-Inseln

MS DEUTSCHLAND im Hafen von Lerwick, Shetland

Shetland – Steilklippen von Sumburg Head

Orkney- und Shetland-Inseln

Die Orkney- und Shetland-Inseln sind die nördlichsten Außenposten des Vereinigten Königreichs. Nordisch ist auch ihre Landschaft: Die windumtosten Inseln vor der Nordküste Schottlands sind beinahe baumlos. Zerklüftete Küsten und steile Klippen prägen das Landschaftsbild.

Auf den 17 bewohnten der 67 Orkney-Inseln wohnen knapp 20.000 Menschen, auf den 15 bewohnten der über 100 Shetland-Inseln knapp 23.000. Auf den Inseln

Papageitaucher in den Steilklippen

leben viel mehr Tiere als Menschen, allein zehnmal so viele Schafe und Millionen von Vögeln. In den höchsten Steilklippen Großbritanniens auf Orkney nisten Tausende von Papageitauchern.

Von hier aus ist es näher nach Oslo als nach London und das skandinavische Erbe ist allgegenwärtig. Schließlich wurden beide Inselgruppen im neunten Jahrhundert von norwegischen Wikingern besiedelt. Sie blieben fast 700 Jahre. Im Jahr 872 gründete der König von Norwegen eine Grafschaft auf Orkney, von wo aus er mit seinen Mannen zu seinen Raubzügen in England und entlang der Küsten Europas aufbrach. Erst im Jahr 1469 kamen die Inseln zu Schottland – und zwar als Mitgift für Margaret, die Tochter des dänischen Königs Christian I., die den späteren König James III. von Schottland heiratete. Doch bis heute sind die nordischen Ortsnamen erhalten geblieben, werden skandinavische Feste gefeiert, wird ein nordischer Dialekt gesprochen.

Ursprünglich waren die Orkneys und Shetlands schon im 3. Jahrtausend v. Chr. besiedelt. Erhalten blieben die meisten prähistorischen Ausgrabungsstätten in Europa, ein Muss für archäologisch Interessierte. Dazu gehört das Steinzeitdorf Skara Brae auf Mainland-Orkney, eine der besterhaltensten Steinzeitsiedlungen in Nordeuropa und die bedeutendste Sehenswürdigkeit der Orkney-Inseln. Skara Brae liegt direkt in den Dünen der Atlantikküste.

Ursprünglich waren die Dächer der Häuser von Skara Brae mit Erde und Kompost zugedeckt.

5000 Jahre lang war die Siedlung unter Sand begraben, bis sie im Jahr 1850 einer der gefürchteten Stürmen, der »gales«, freilegte. Da auf der Insel kein Holz zu finden war, wurde das gesamte Dorf aus Stein gefertigt: nicht nur die Häuser, sondern auch sämtliches »Mobiliar« wie Betten und Schränke, ja sogar die Trinkbecher. Perlen aus Knochen und Schafszahn, Seile aus Heidekraut, Werkzeuge aus Ochsenknochen – die Funde von Skara Brae erlauben faszinierende Einblicke in das Leben der etwa 40 Menschen im Dorf, die Tierfelle trugen, Weizen und Gerste anbauten, und kaum älter als 30 Jahre wurden. Fast tausend Jahre lang lebten Menschen in diesem Dorf, bevor es der Dünensand begrub.

◀ *Außergewöhnlich gut erhalten sind die Steinzeithäuser von Skara Brae.*

Megalithen des Ring of Brodgar

Ein weiteres faszinierendes Zeugnis der Jungsteinzeit auf Mainland-Orkney ist der Ring of Brodgar, errichtet zwischen 2000 und 2500 v. Chr., ein Kreis aus 36 Megalithen. Kaum vorstellbar, wie die ursprünglich 60 bis vier Meter hohen Felsen im Steinkreis von 104 Metern Durchmesser aufgestellt worden sind. Ein eigenartiger Zauber liegt über dieser Kultstätte aus der Steinzeit.

Nur wenige hundert Meter entfernt, ragen vier große Menhire in den Himmel, die so genannten Standing Stones of Stenness. Es handelt sich dabei um die Reste eines um 2300 v. Chr. entstandenen Ringes aus zwölf Steinen. Wie Skara Brae gehört auch er zum Welterbe der UNESCO.

Die bedeutendste Sehenswürdigkeit der Shetland-Inseln, der Jarlshof, lag lange unter Dünensand begraben und wurde wie Skara Brae erst im 19. Jahrhundert durch einen Sturm freigelegt.

Die Anlage besteht aus Rundhäusern aus der Bronze- und Eisenzeit, Langhäusern der Wikinger und einem Bauernhof aus dem 16. Jahrhundert. Jeder Siedler baute hier auf den Ruinen seiner Vorgänger. Als Sir Walter

Jarlshof – historische Ausgrabungen

Jarlshof – Langhaus der Wikinger

Scott der Siedlung in seinem Roman »Der Pirat« den Namen Jarlshof gab, stand hier jedoch nur der Landsitz des berüchtigten, die Inselbewohner gnadenlos ausbeutenden Patrick Stewart, Jarl von Orkney und Shetland, aus dem 17. Jahrhundert, von dem nur noch Ruinen zu sehen sind. Von der prähistorischen Siedlung ahnte man noch nichts. Im Museum des Jarlshof werden 4000 Jahre Siedlungsgeschichte anschaulich dargestellt.
Inmitten der wind- und wettergepeitschten Inseln haben diese steinernen Zeugen einer längst vergangenen Epoche 5000 Jahre Menschheitsgeschichte überstanden.

Doch die baumlosen, aber geschichtsträchtigen Inseln im Nordatlantik haben durchaus noch mehr zu bieten. Im Sommer bleibt es bis tief in die Nacht taghell und die Tage dehnen sich fast bis ins Unendliche. Dank des Golfstroms ist das Klima gemäßigt, auch im Winter friert es selten. Spektakuläre Felsenküsten, weite Moorgebiete, viel Heide, fruchtbares Farmland und tiefe Fjorde dominieren die Inseln.

Auf den Shetland-Inseln ziehen Shetlandponys frei über moorige Ebenen. 200 Seen durchziehen die Inseln, karibikblaues Meer zeigt sich an den schönen Sandstränden.

Shetland – am Sumburg Head

MS DEUTSCHLAND im Hafen von Kirkwall, Orkney Mainland

Auch die Städte der Inselgruppen haben ihren besonderen Reiz. Kirkwall auf Mainland-Orkney, die »Kirchenbucht« in nordischer Sprache, ist seit 900 Jahren Hauptstadt der Orkney-Inseln und war bereits zur Wikingerzeit Hafen- und Handelsplatz.

Beim Bummeln durch die engen, kopfsteingepflasterten Gassen, gesäumt von Häusern aus grauem Gestein, spürt man das nordische Flair dieser Stadt. Überragt wird sie von der Silhouette der aus rotem und gelbem Sandstein erbauten St.-Magnus-Kathedrale, die 1137 von Jarl Rognvald, dem Neffen des Inselheiligen Saint Magnus, errichtet wurde.

▲ *St. Magnus-Kathedrale in Kirkwall*

▼ *Kirkwall – Ruine des Bischofspalastes*

DEUTSCHLAND
LK-986
PROLIFIC
AkvaMas

Lerwick – MS DEUTSCHLAND im Hafen

Lerwick, die Hauptstadt der Shetland-Inseln auf Mainland und nördlichste Stadt Großbritanniens, ist mit seinen 8000 Einwohnern für unsere Verhältnisse eine Kleinstadt, für die Insulaner jedoch das Zentrum ihrer Welt. Im 16. Jahrhundert von holländischen Fischern gegründet, ist der Fischfang bis heute der wichtigste Wirtschaftszweig der Stadt.

Die Altstadt von Lerwick mit ihren verwinkelten pittoresken Gassen, Granithäusern, alteingesessenen Läden und ihrem malerischen Naturhafen hat einen ganz besonderen Charme. Und im Sommer kann man noch um Mitternacht an der taghell erleuchteten Mole sitzen.

Es bleibt festzuhalten: Das »skandinavische Schottland« mit seiner Steinzeit-Geschichte darf bei einer Kreuzfahrt in den hohen Norden keinesfalls fehlen!

Das Galloway-Castle in Lerwick

Ausflug von Lerwick: Impressionen im Hafen des Fischerdörfchens Hamnavoe

Färöer-Inseln

Kurs auf die Insel Streymoy

Im Fischerdorf Kvivik scheint die Zeit stehengeblieben zu sein.

Färöer-Inseln

Wie bucklige Urwelttiere ragen die 18 Färöer-Inseln aus dem Ozean empor. Mitten im Nordatlantik, zwischen Norwegen, Island und Schottland gelegen, sind sie flächenmäßig etwa halb so groß wie Luxemburg.

Die nordischen Inseln mit ihrem spröden Charme blicken auf eine lange Geschichte zurück. Aus dem Erdmantel stieg vor rund 60 Millionen Jahren basaltisches Magma empor und bildete die Inseln. Sie sind damit viermal so alt wie Island. Kilometerweit erstrecken sich die Basaltdecken von Insel zu Insel, jede Basaltlage entspricht einer vulkanischen Eruption. Die neuere Zeit beginnt mit der Besiedlung durch die Wikinger vor rund 1000 Jahren.

Im Jahr 1380 kamen die Färöer-Inseln zusammen mit Island und Grönland zur dänischen Krone. Heute ist der Archipel ein autonomer Teil Dänemarks, mit eigener Regierung und Verwaltung, eigener Flagge und eigener Sprache, und die 48.000 Bewohner haben ihren ureigenen Kopf. Die Färöer sind nicht Mitglied der EU und halten ganz bewusst an ihren Traditionen fest.

Streymoy – Landschaftsimpression bei Kollafjördur

MS DEUTSCHLAND legt in Tórshavn an.

Blick auf Tinganes – die Altstadt von Tórshavn

Mit sprödem Charme empfangen die Inseln ihre Besucher. Senkrechte Kliffe ragen steil aus dem Meer empor, Moore, Grasheiden und Büsche wechseln sich ab mit satten grünen Weideflächen.

Die großen Schafherden und der ständige Wind verhindern das Wachstum der Bäume. Die Vegetation ist karg und baumlos, doch an vielen Stellen blühen wilde Pflanzen und überziehen die raue Landschaft mit Farbtupfern. Nationalblume ist die gelb blühende Sólja, die Sumpfdotterblume.

Der Name der Inseln – Føroyar – bedeutet »Schafsinseln«. Und in der Tat ist die Schafzucht der zweitwichtigste Wirtschaftszweig nach der Fischerei. Fischereiprodukte machen etwa 95 Prozent des färöischen Exports aus.

Für die kleine Inselgruppe hat man während der Kreuzfahrt relativ wenig Zeit, doch die wenigen Ausflüge sind dafür umso interessanter.

In der fast urban anmutenden Hauptstadt Tórshavn, der Hafen des Gottes Thor, auf der Insel Streymoy gibt es viel zu entdecken, wie etwa die Häuser mit typischem färöischem Grasdach im idyllischen Hafenviertel und die alte Festung Skansin. Auch ein Besuch des Hauses des Nordens mit Grasdach und Stein- und Metallskulpturen ist lohnenswert. Von Tórshavn fährt man westwärts ins Hügelland der Insel. Von der steilen Westküste aus bietet sich ein grandioser Ausblick auf die Inseln Sandøy, Hestur, Koltur und Vágar.

»Lachstreppe« – Wasserfall bei Kvivik

In der Dorfkirche von Kirkjubóur

In Kirkjubóur, ehemaliger Bischofssitz und heutiges Kulturzentrum, ist das ehemalige bischöfliche Wohngebäude, die Ruine der St. Magnus-Kathedrale und die Dorfkirche einen Besuch wert.

Im typisch färöischen Dorf Kvivik, einem der ältesten Orte des Archipels, kann man die Fundamente eines Langhauses aus der Wikingerzeit besichtigen.
Die kühlen Inseln hoch im Norden haben allerhand zu bieten.

Kvivik ist ein typisch färöisches Dorf.

Autorenporträts

Christian Prager

Der gelernte Kommunikationselektroniker beschloss, einen anderen Weg einzuschlagen und seiner Leidenschaft für die Reisefotografie zu folgen. Jahrelang bereiste er die Welt und stellte seine Reisen in Dia-Shows vor. 1989 gründete er das Studio Orbi-Vision für die Produktion und den Vertrieb von Reisemedien. Heute ist seine Firma exklusiver Produzent von Reisemedien für Reiseveranstalter, Kreuzfahrt-Touristik, Luxushotels und die Herausgeber von Reisebildbänden. Dieser Bildband ist die dreihundertste Neuerscheinung Christian Pragers weltweit.

Johanna Kolf

Johanna Kolf, geboren in Traunstein, studierte Anglistik und Romanistik in München. Zunächst arbeitete sie als Gymnasiallehrerin, Dozentin und an der Fachhochschule und Technischen Universität München, als Übersetzerin und Lektorin für Verlage im In- und Ausland. Seit 2001 ist Johanna Kolf als Journalistin und Buchautorin tätig. Ihre Leidenschaft ist das Reisen. Zusammen mit dem Fotografen Christian Prager hat sie bereits zahlreiche Reisebücher veröffentlicht.